RICK SKY

FREDDIE MERCURY

Das Leben des legendären Popstars

Deutsche Erstausgabe

WILHELM HEYNE VERLAG
MÜNCHEN

HEYNE ALLGEMEINE REIHE
Nr. 01/8703

Titel der Originalausgabe
THE SHOW MUST GO ON
Aus dem Englischen übersetzt
von Axel Mau

Redaktion: Werner Heilmann

Copyright © Rick Sky 1992
Copyright © der deutschen Ausgabe 1993 by
Wilhelm Heyne Verlag GmbH & Co. KG, München
Printed in Germany 1993
Umschlagillustration: Pandis Media/Jacques Langevin/Sygma, München
Umschlaggestaltung: Atelier Ingrid Schütz, München
Satz: (1364) IBV Satz- und Datentechnik GmbH, Berlin
Druck und Bindung: Presse-Druck Augsburg

ISBN 3-453-06304-X

Rick Sky ist Musikredakteur bei der Londoner Tageszeitung *Daily Mirror* und hat in seiner Laufbahn schon fast alle großen Rock- und Popstars interviewt. Darüber hinaus ist er im In- und Ausland für eine Vielzahl von Zeitschriften tätig, darunter *Spin, The Chicago Tribune* und *Max*.

Im Gedenken an Freddie Mercury, einen Mann, der das Leben in vollen Zügen genossen hat, widme ich dieses Buch ihm und all seinen treuen Fans auf der ganzen Welt.

INHALT

1. DAS ENDE EINER LEGENDE
   Die letzten Augenblicke im Leben
   des Freddie Mercury   9

2. DIE FRÜHEN JAHRE
   Von Sansibar nach London   16

3. SMILE
   Die Geburt einer einzigartigen Band   28

4. DER GENIALE SHOWMAN
   Auf der Bühne und im Film   49

5. ABENTEUER IN DEUTSCHLAND
   Hinter den Kulissen in München   71

6. SAUS UND BRAUS
   Das Leben der oberen Zehntausend   87

7. LIVE AID
   Das Konzert, das die Welt erschütterte   109

8. DIE LIEBE, DIE LIEBE
   Die Männer und Frauen
   in Freddie Mercurys Leben   117

9. MERCURY ... UND ANDERE STARS
   Künstlerische Zusammenarbeit   139

10. DIE WERBETROMMEL
    Freddies Bild in der Öffentlichkeit   162

11. INNUENDO
    Aids: Gerüchte und Wahrheiten   180

CHRONOLOGIE DES STARS
UND SEINER BAND   192

Kapitel 1

DAS ENDE EINER LEGENDE

Die letzten Augenblicke im Leben des Freddie Mercury

»Es ist mir schnuppe, ob ich morgen nicht mehr lebe, denn ich habe alles erreicht, was ich wollte.«

Ganz alleine lag er nun, in weiße Seide gehüllt, in seinem riesigen Himmelbett, von dem er einst stolz behauptet hatte, sechs Leute würden bequem darin Platz finden. Er schien seinen inneren Frieden gefunden zu haben. Die Perserkatzen, mit denen er noch vor Stunden geschmust hatten, waren traurig davongeschlichen. Verabschiedet hatte sich auch der letzte seiner engsten Freunde, der ihm in den vergangenen Wochen Beistand geleistet hatte. Die behandelnden Ärzte waren eine Stunde zuvor gegangen, und seine erste Freundin, Mary Austin, die Mutter seines zwanzig Monate alten Patenkindes Ricky, hatte ihn mit Tränen in den Augen auf die Wange geküßt und war hinausgerannt in die dunkle Nacht.

Draußen, vor den Mauern der prächtigen 12-Millionen-Mark-Villa im vornehmen Londoner Stadtteil Kensington, in der Freddie Mercury Zuflucht gesucht hatte vor dieser Welt, warteten Scharen von Fans, Journalisten und Fernsehkameras auf das Ende. Einer von Mercurys Ärzten, Gordon Atkinson, sagte zu aufdringlichen Reportern, daß der Sänger im Sterben läge. 24 Stunden zuvor hatte einer der schillerndsten Sterne am

Rockmusikhimmel durch seine Mitarbeiter verlautbaren lassen, daß er an AIDS leide. Diese schreckliche Tatsache hatte er fünf Jahre lang vor der Welt geheimgehalten.

Drinnen lag der Sänger – regungslos. Sein Gesicht war aschfahl und ausgemergelt. Nichts erinnerte mehr an die stolze Erscheinung auf Millionen von Postern. Sein Atem ging langsam, seine braunen Augen nahmen nur noch wahr, wie sich ein trüber Schleier über das riesige Schlafzimmer legte, das fast den gesamten dritten Stock seines eleganten Hauses in Anspruch nahm. An seiner Seite wachte einer seiner treuesten Freunde, Dave Clark, in den 60er Jahren mit seiner Gruppe ›The Dave Clark Five‹ der Schwarm von Millionen von Teenagern. Zärtlich hielt er Freddies Hand, die jetzt genauso kraftlos schien wie sein ausgezehrter, geschundener Körper, der einst so muskulös gewesen war, daß er es sich erlauben konnte, sich nur mit Shorts bekleidet auf der Bühne seinem begeisterten Publikum zu präsentieren.

Mercury nahm seine Umwelt nicht mehr wahr. Während der letzten zwei Tage war er nicht in der Lage gewesen, etwas zu sich zu nehmen. Das Sprechen fiel ihm immer schwerer, er konnte kaum noch etwas sehen. Er lag da, einem Leichnam gleich. Und nahm sie nicht mehr wahr – die herrlichen Antiquitäten, die japanischen Aquarelle und die französischen Impressionisten, für die er im Laufe der Jahre ein Vermögen ausgegeben hatte; eine Sammlung, die den Neid und die Bewunderung aller Kunstliebhaber erregte. Er nahm auch nicht mehr die Karten und Briefe wahr, mit denen seine Anhänger zum Ausdruck brachten, wie sehr er ihr Leben bereichert hatte, daß sie nun in Gedanken bei ihm wären und ihn in ihre Gebete einschließen würden. Selbst die Erklärung seines Mitarbeiters Roxy

Meade wurde ihm nicht mehr bewußt, als die Entscheidung gefallen war, das Schweigen zu brechen. Die Erklärung lautete schlicht: »Ich bestätige, daß ich HIV-infiziert bin und an AIDS leide. Ich hielt es für richtig, diese Tatsache bis zum heutigen Tag geheimzuhalten, um mein persönliches Umfeld vor Übergriffen auf die Privatsphäre zu bewahren. Aber jetzt hielt ich die Zeit für gekommen, um meinen Freunden und Anhängern überall auf der Welt die Wahrheit zu sagen. Denn ich hoffe, daß alle Welt im Kampf gegen diese schreckliche Krankheit zusammenstehen wird.«

Das unausweichliche Ende kam dennoch unerwartet: Mercurys Freunde hatten geglaubt, er würde noch einige Tage zu leben haben. Aber sein Tod kam so rasch, daß auch seine Eltern, Jer und Bomi Bulsara, nicht mehr rechtzeitig aus ihrem Heimatort Feltham eintrafen, um ihrem Sohn in seinen letzten Stunden beizustehen.

Freddy Mercurys Leben und Macht gingen an jenem traurigen Sonntagabend, dem 24. November gegen 19 Uhr zu Ende, und die Welt der Rockmusik erlitt einen unersetzlichen Verlust. Sein Tod wurde um Mitternacht bekanntgegeben: »Freddy Mercury ist heute abend friedlich in seinem Haus verstorben. Sein Tod war die Folge einer durch Immunschwäche hervorgerufenen Lungenentzündung.« Einige Tage später versicherte Dave Clark der Welt, daß der Sänger glücklich gestorben wäre: »Er sagte kein Wort. Er ging einfach schlafen und wachte nicht mehr auf. Ganz friedlich. Er war eine großartige Persönlichkeit, so einmalig wie ein Gemälde. Ich weiß, er ist jetzt in einer besseren Welt.«

Als Mercury in den letzten Wochen seines Lebens verzweifelt gegen Blindheit und schwere Lungenentzündung anzukämpfen versuchte, kamen enge Freunde, um ihm die letzte Ehre zu erweisen. Unter ihnen Elton John, Diskjockey Kenny Everett und die restlichen Mitglieder von ›Queen‹.

Seine Ex-Freundin Mary Austin, der er ganz in seiner Nähe ein Luxus-Apartment gekauft hatte, kam jeden Tag. »Er wußte, daß es zu Ende ging«, sagte sie mit tränenerstickter Stimme, »aber seinen Sinn für Humor bewahrte er sich bis zum Schluß. Während der letzten Tage litt er unter unerträglichen Schmerzen, konnte nichts essen und bekam starke Beruhigungsmittel. Trotz der Qualen, die er durchmachen mußte, sagte er zu mir, er würde kein Leid empfinden.

Als ich sein Bett verließ, küßte ich ihn auf die Wange, hielt seine Hand und sagte, daß ich ihn über alles liebe. Aber die Leiden, die ich bei Freddy gesehen habe, will ich nie wieder miterleben.«

Nach Mercurys Tod im Alter von gerade 45 Jahren war die weltweite Anteilnahme überwältigend. Die wohl bewegendsten Worte fanden die drei übrigen Mitglieder seiner Band – Brian May, Roger Taylor und John Deacon, die der Öffentlichkeit mitteilten: »Wir haben das hervorragendste und meistgeliebte Mitglied unserer Familie verloren. Wir fühlen unsagbaren Schmerz darüber, daß er von uns gegangen ist. Seine beherzte Art zu leben und zu sterben erfüllt uns alle mit großem Stolz. Es war eine Ehre für uns, solch wunderbare Zeiten miterleben zu dürfen.«

Mercury, bekannt für seinen Edelmut, zeigte sich bis zu seinem Ende großzügig. Wenige Tage nach seinem Tod wurde bekannt, daß er die Rechte an ›Bohemian Rhapsody‹, einem seiner erfolgreichsten Songs, einer AIDS-Hilfeorganisation, dem ›Terrence Higgins Trust‹, überlassen hatte. Der Song sollte rechtzeitig zum Weihnachtsfest wieder vorgelegt werden, und Kenner der Popszene wagten die Vorhersage, daß es mit Sicherheit eine der meistverkauften Singles aller Zeiten werden würde.

Einem einzigen Blumenmeer glich Mercurys Beisetzung, die vier Tage nach seinem Tod im Krematorium von West London in der belebten Harrow Road stattfand.

So wie Mercury selbst, so stellte auch dieses Ereignis, das der Sänger wochenlang bis ins kleinste Detail geplant hatte, eine verwirrende Mischung aus greller Überladenheit einerseits und geheimnisvoller Verborgenheit andererseits dar. Zwei gänzlich unterschiedliche Welten prallten aufeinander: die moderne Welt der Rockmusik und die alte Welt der zoroastrischen Religion, mit der Mercury aufgewachsen war.

Der Zoroastrismus ist eine der ältesten und seltensten Religionen der Welt. Begründet vom Propheten Zoroaster (Zarathustra) zählt sie weltweit nur 120 000 Mitglieder und gerade 6000 in Großbritannien. Ihre Anhänger sehen das Leben als einen Kampf zwischen zwei Kräften, Spenta Mainyu, dem ›Wohltätigen Geist‹, und Angra Mainya, dem ›Zerstörerischen Geist‹. Ob ein Zoroastriker dem einen oder dem anderen sein Dasein verschreibt, entscheidet über sein Leben nach dem Tode. Diese letzte Ruhestätte entspricht Himmel und Hölle des christlichen Glaubens.

Mercurys Eichensarg war in Seide gehüllt und mit einer roten Rose geschmückt worden. Als er in die Kapelle getragen wurde, sprachen die weiß gekleideten zoroastrischen Priester traditionelle Gebete zu ihrem Gott Ahura Mazda, auch bekannt als der Weise Gott, damit er die Seele des Verstorbenen erlöse. Während des 25-minütigen Gottesdienstes, der in der alten Sprache der Avesta abgehalten wurde, sprachen die Priester kein Wort englisch, außer um die vierzig Trauergäste aufzufordern, sich zu erheben oder Platz zu nehmen.

Es war Mercurys ausdrücklicher Wunsch gewesen, das Begräbnis im kleinen Rahmen abzuhalten, und der altertümlichen Zeremonie wohnten nur ganz enge Freunde und Familienangehörige bei. Die Eltern des Sängers, Bomi und Jer Bulsara, weinten die ganze Zeit über, genauso wie Mary Austin und Elton John. Unter den Trauergästen befanden sich der bereits erwähnte Dave Clark, die drei restlichen Mitglieder der Gruppe ›Queen‹ sowie Brian Mays Freundin, Anita Dobson, früherer Star der Fernsehserie ›Eastenders‹. Kurz nach neun an jenem kalten Wintermorgen fuhr ein glänzender Rolls-Royce mit Mercurys Leichnam langsam auf das Gelände des Krematoriums von West London in Kensal Rise. In seinem Gefolge fünf Daimler, vollbeladen mit all den Blumen und Karten, die seit seinem Tod in Mercurys Haus eingetroffen waren. Dahinter ein Konvoi von sieben Mercedes-Limousinen mit den Trauergästen, die gekommen waren, um einem der Größten der Rockmusik die letzte Ehre zu erweisen.

Die Musik, die aus einem schüchternen Kunststudenten einen der charismatischsten Stars der Rockwelt gemacht hatte, war natürlich ein wichtiger Bestandteil der Feierlichkeiten. Als der Sarg hereingetragen wurde, erklang aus den Lautsprechern die Gospelhymne ›Precious Lord, Take My Hand‹, gesungen von der Königin des Souls, Aretha Franklin, die in Mercury einen ihrer glühendsten Verehrer gehabt habe. Es folgte noch ein weiteres Stück von ihr, ›You've Got A Friend‹, eine der bewegendsten Aufnahmen aller Zeiten. Als die Trauergemeinschaft die Kapelle verließ, ertönte erneut Musik – diesmal eine Arie aus einer Oper von Verdi, für dessen Werke Mercury schwärmte. Dieses Stück lag dem Sänger ganz besonders am Herzen, denn die Sängerin war keine geringere als die spanische Operndiva Montserrat Caballé. Die beiden verband eine innige Freundschaft, gemeinsam hatten sie den Song ›Barcelona‹ aufgenommen.

Als die Trauerprozession an den Bergen von Blumen vorbeidefilierte, blieben viele stehen, um die Inschriften auf den Kränzen zu lesen. Stars wie Dave Bowie, U2 und Gary Glitter hatten ihre Anteilnahme zum Ausdruck gebracht; Glitter mit einem Stern aus weißen Nelken, ein Symbol dafür, was Mercury ihm bedeutet hatte. Auf der Karte stand: »Freddy, schmerzlich vermißt, aber für alle Zeiten unvergeßlich.« Mary Austin hatte ein Kissen aus weißen und gelben Rosen geschickt: »In inniger Liebe für meinen teuren Freund, dem ich stets die Treue gehalten habe.« Dave Clark widmete ihm die Worte: »Das Leben währt ewig, mein Freund. Deine Verdienste werden unvergeßlich bleiben.« Elton John, dessen Kranz aus lachsfarbenen Rosen die Form eines Herzens hatte, schrieb schlicht: »Danke, in dir hatte ich einen Freund. Ich werde dich immer lieben.« Ein weiterer Bewunderer Mercurys, Boy George, sagte es noch einfacher: »Lieber Freddie, ich liebe dich.« Aber die bewegendsten Worten kamen von seinen Eltern, die ihrem einzigen Sohn sehr nahegestanden hatten, trotz der Gerüchte, sie hätten keinerlei Verständnis für seinen Lebenswandel aufbringen können: »Für unseren innigst geliebten Sohn Freddie. Wir werden dich immer lieben. Mum und Dad.«

Kapitel 2

DIE FRÜHEN JAHRE

Von Sansibar nach London

»Je größer, desto besser – in jeder Beziehung«

Die ersten vierzehn Jahre seines Lebens verbrachte Farokh Bulsara auf einem der exotischsten Spielplätze der Welt, gewissermaßen eine Generalprobe für den Mann, der als Freddie Mercury zu einer der schillerndsten Figuren der Rockmusik werden sollte.

Mercurys Heimat waren zwei idyllische Flecken im Indischen Ozean, die dem ostafrikanischen Staat Tansania vorgelagerten Inseln Sansibar und Pemba. Freundliche Menschen lebten dort, und Mercury spielte den ganzen Tag mit den anderen Kindern. Er genoß das warme Wasser, die herrlichen Strände und den ewigen Sonnenschein. Auf Pemba gab es damals noch nicht überall elektrischen Strom, und um sich über das Weltgeschehen auf dem laufenden zu halten, mußte sein Vater Bomi zu einem Freund gehen, damit er den Auslandsdienst der BBC hören konnte.

Bis zu seinem siebten Lebensjahr – da wurde seine Schwester Kashmira geboren – war Freddie (die englische Form von Farokh) ein Einzelkind, und seine Eltern hüteten ihn wie ihren Augapfel. Sie hatten genügend Zeit, ihn zu verwöhnen, denn das Leben ging einen gemächlichen Gang auf jenen abgelegenen Inseln. Mr. Bulsara bekleidete eine Stelle am Gericht, und seine Arbeitszeit endete um halb zwei. Danach gingen er und seine Frau Jer mit ihrem kleinen Sohn hinunter an den Strand, wo Freddie im Wasser planschte und schwimmen lernte. Von Zeit zu Zeit besuchten sie mit ihm auch die Gärten des Museums von Sansibar, ein beliebtes Ausflugsziel für junge Eltern mit ihren Kindern.

Zu Hause lasen sie ihm Märchen vor, Geschichten von Flaschengeistern, Prinzen und Piraten. Die exotische Landschaft beflügelte überdies noch Freddies Fantasie. Ein Buch, es hieß ›Arabische Nächte‹, fesselte ihn besonders, vielleicht auch deshalb, weil die Gestalten Perser waren, so wie er. Es war immer jemand da, der mit Freddie spielte oder ihm Geschichten vorlas, denn die Familie verfügte, und darauf war er sein Leben lang stolz, über genügend finanzielle Mittel, um sich eine Dienerschaft zu halten, die alle Launen des kleinen Jungen über sich ergehen lassen mußte.

Als er fünf Jahre alt war, zog er mit seinen Eltern an den nächsten exotischen Ort, in die brodelnde indische Metropole Bombay mit ihren mannigfaltigen Märkten und farbenprächtigen Basaren. Seine Familie stammte ja ursprünglich aus Bombay, und die Stadt hatte einst, wie auch Pemba und Sansibar, zum riesigen und mächtigen britischen Kolonialreich gehört. Und da es in Bombay die besten Schulen in diesem Teil der Welt gab, lag der Entschluß nahe, dorthin überzusiedeln.

Beide Elternteile Mercurys waren Parsen und treue Anhänger der Religion Zoroasters (Zarathustras), und in Bombay lebte die größte parsische Gemeinde der Welt. Im zehnten Jahrhundert, nach der Eroberung Persiens durch die Araber, waren die Parsen nach Indien geflohen, wo sie ihre Religion frei ausüben konnten. Indien galt als eines der tolerantesten Länder, was die Religion anbelangte, und in Bombay, diesem neuzeitlichen Babylon, lebten viele Religionsgruppen – Hindus, Moslems, Christen, Sikhs, Dschainas und die Anhänger Zoroasters – Seite an Seite.

Die Parsen gehörten zur Oberschicht Bombays. Anfangs hatten sie Sprache und Kleidung von Indiens größter Religionsgruppe, den Hindus, angenommen, waren dann aber später zu den Sitten und Gebräuchen der britischen Kolonialherren Indiens übergegangen. Somit erwarteten den kleinen Freddie eine typisch englische Erziehung an einer angesehenen Privatschule, wenn die auch tausende von Kilometern entfernt von Eton und Harrow war.

Indiens Bevölkerung betrug damals vierhundert Millionen, und Bombay war die größte Stadt des Landes – und die siebtgrößte der Welt. An der Westküste gelegen, stellte die Hafenstadt ein bedeutendes Finanz- und Handelszentrum dar, einen Ort, wie geschaffen für den kleinen Freddie. Er spielte gerne in den verwinkelten engen Gassen und besuchte oft die herrlichen ›Hängenden Gärten‹ im eleganten Stadtteil Malabar Hill in der Nähe des Parsen-Krankenhauses. Fasziniert strich er durch die Basare und stand vor den Schlangenbeschwörern, die ihren Flöten magisch-hypnotische Klänge entlockten. Gebannt beobachtete er die Fakire, Indiens heilige Männer, auf ihren Nagelbetten, und schaute den Händlern zu, die die exotischsten Waren feilboten, während er sich Mangos, Kokosnüsse und Litschis schmecken ließ. Am Nachmittag ging er dann zum Hafen, blickte aufs Meer hinaus und bestaunte die vielen Schiffe, die mit Tee, Baumwolle und Reis beladen zu ihrer Reise in weit entfernte Länder aufbrachen.

Auch sein Internat gefiel ihm. Er war ein ausgezeichneter Sportler. Cricket, Boxen und Tischtennis hatten es ihm angetan. Für das schnelle, rasante Tischtennisspiel – das eine Kombination aus Geschicklichkeit und Geschwindigkeit erforderte – zeigte er besondere Begabung und brachte es in dieser Sportart sogar zum Schulmeister. Damals begann Mercury auch mit seinem Klavierunterricht, Grundlage für die überquellenden, bombastischen Kompositionen, mit denen er und seine Gruppe ›Queen‹ weltberühmt werden sollten. Bombay war ein einzigartiger musikalischer Schmelztiegel: hier wurde der Elfjährige gleichzeitig konfrontiert mit der Klassik, der Welt der Oper, den komplizierten Rhythmen indischer Musik und einer Brise dieses relativ neuen Phänomens ›Rock and Roll‹, der gerade zu seinem Siegeszug um die Welt ansetzte.

Auch die Religion spielte eine wichtige Rolle in Mercurys Leben; mit anderen Jugendlichen besuchte er die Feuertempel, wo die Parsen ihre Gottesdienste abhielten. Die geheiligten Feuer stellen einen wesentlichen Teil ihrer Religion dar. Im Schein der Flammen werden Gebete gesprochen, als Zeichen des unerschütterlichen Glaubens. Das Feuer darf niemals verlöschen – in einigen Gegenden Irans brennt es schon seit zweitausend Jahren –, und die Tempelpriester schüren es fünfmal am Tag.

Im Alter von acht Jahren wurde Freddie in die Religionsgemeinde aufgenommen. Im Rahmen der feierlichen Navjote-Zeremonie wurde der Jüngling einem reinigenden Bad unterzogen, während der Oberpriester die entsprechenden Gebete vortrug. (Das Bad symbolisiert die körperliche Reinheit, in den Augen des Gläubigen Voraussetzung für die Läuterung von Geist und Seele.) Dann wiederholte er vor einem der ewigen Feuer die Gebete der Priester und nahm damit die Religion an, die seinerzeit Zoroaster von Ahura Mazda verkündet worden war. Er nahm sein *sudreh* in Empfang, ein Hemd aus weißem Musselin, Symbol für Unschuld und Reinheit, und die Priester legten ihm anschließend den *kusti* an, den heiligen Gürtel aus feinster weißer Lammwolle. Mit ihm gürten sich die Anhänger Zoroasters symbolisch, um der Menschheit zu dienen. Dreimal wurde der *kusti* um ihn herumgewickelt, in Erinnerung an die Dreifaltigkeit Ahura Mazdas als Erschaffer, Bewahrer und Erneuerer, und der Neueingeweihte verpflichtete sich, den Gürtel für den Rest seines Lebens zu tragen. Schließlich wurde Mercury mit Reis, Rosenblättern, Nüssen und Granatäpfeln überschüttet und in seine neuen Gewänder gekleidet. Rusi Dalal, ein Freund der Familie, sagte über die Navjote-Zeremonie: »Dies ist eins der wichtigsten religiösen Ereignisse, und alle Mitglieder der parsischen Gemeinde werden eingeladen. Ein wahrhaft prunkvolles Fest.«

Freddie sollte seine Jahre im Internat für immer in guter Erinnerung behalten. Viele Popstars denken mit Grausen an ihre Schulzeit zurück und konnten es kaum erwarten, davon erlöst zu werden, aber nicht so Mercury: »Meine Zeit im Internat war sehr nützlich. Dort lernt man, sich durchzusetzen, und zwar von frühester Kindheit an. Außerdem habe ich gelernt, unabhängig zu sein und mich nicht auf andere zu verlassen. In der Schule mußten wir alles pauken, aber am besten gefielen mir Fächer wie Kunst und Literatur. Die Schule legte besonderen Wert auf Sport, und so habe ich alles mitgemacht. Ich habe geboxt, Cricket und Tischtennis gespielt. Und war wirklich gut.«

Bis zur fünften Klasse nahm er Klavierunterricht. »Die Klavierstunden in der Schule haben mir viel Spaß gemacht«, sagte er. »Das hatte ich meiner Mutter zu verdanken. Sie hat dafür gesorgt, daß ich nicht aufgebe. Zuerst hab' ich's nur ihr zuliebe gemacht, aber später fand ich dann Gefallen am Klavierspielen.«

Über seine Schulzeit in Indien sprach Freddie später

unter anderem mit dem Organisator des Queen-Fan-Clubs, Jacky Gunn: »Nach Freddies Beschreibungen scheint diese Schule in Indien einfach wunderbar gewesen zu sein. An vielerlei Aktivitäten hat er teilgenommen, pflegte aber auch Freundschaften – alles in allem eine unvergeßliche Zeit.«

Mercurys Welt sollte jedoch völlig auf den Kopf gestellt werden, als er im Alter von vierzehn Jahren mit seiner Familie nach England übersiedelte. Feltham, in der Grafschaft Middlesex, wo sie eine bescheidene Reihenhaushälfte bewohnten, hielt keinem Vergleich mit seinem bisherigen Leben stand – mit den sorglosen Tagen und dem ewigen Sonnenschein, mit den farbenprächtigen Basaren, den belebten Straßen und der Dienerschaft. Tatsächlich hatte Feltham im Jahre 1959 einem Dreizehnjährigen, der schon viel von der Welt gesehen hatte, nicht allzu viel zu bieten. Jeden Tag gesellte sich Mercury in die Schlange der düster dreinblickenden Fahrgäste und wartete auf den roten Doppeldeckerbus, der ihn zur Schule in Isleworth brachte, wo sich die anderen Kinder lustig machten über seine dunkle Hautfarbe und seinen abgehackten kolonialen Akzent. In früheren Interviews hatte sich Mercury nie über diesen Abschnitt seiner Schulzeit geäußert, aber die graue Eintönigkeit und die konservative Einstellung waren ihm zuwider. Seine Erziehung litt darunter, und auf seinem Abgangszeugnis ragten lediglich seine Leistungen im Fach Kunst heraus.

Als er neunzehn war, erlebte England gerade die Anfänge der ›swinging sixties‹. Überall im Land, sogar in Feltham, sagten sich die Jugendlichen los von den alten Werten, Moralbegriffen und dem Lebensstil ihrer Eltern. Sie wollten ein anderes Leben – ihre eigene Mode, ihre eigene Musik, ihr eigenes Geld. Es war das ›Mod‹-Zeitalter, ein britischer Teen-Kult, der in der Kleidung zum Ausdruck kam (schicke italienische Mode), ferner im schwarzen amerikanischen ›Rhythm and Blues‹ und der Soulmusik. Für die Jugendlichen war es völlig normal, einen gesamten Wochenlohn für ihren Lebensstil hinzublättern. Es war auch die Ära der Beatles und der Rolling Stones, denn im Jahre 1965 wetteiferten zwei Bands um die Gunst der Teenager. Die Beatles hatten mit ›I Feel Fine‹, ›Ticket to Ride‹ und ›Day Tripper‹ drei Nummer-Eins-Hits. Die Stones standen ihnen in nichts nach und stürmten ihrerseits die Charts mit ›The Last Time‹, ›Satisfaction‹ und ›Get Off of My Cloud‹.

Schwarze Soulmusik beherrschte ebenfalls die Hitlisten. Otis Redding hatte einen Riesenerfolg mit ›My Girl‹, Wilson Pickett mit ›In The Midnight Hour‹, und den Supremes gelang gleich viermal der Sprung an die Spitze; ihr größter Hit in jenen Jahren war ›Stop In The Name Of Love‹. Und eine junge Band aus London, ›The Who‹, machte zum ersten Mal mit ›I Can't Explain‹ von sich reden. Ihre scharfen Klamotten, der peitschende Rhythmus und die Bluesklänge machten sie zur Lieblingsgruppe der Mods, und Gitarrist Pete Townshends Hymne ›My Generation‹ faßte das aufregende Leben der damaligen Zeit treffend zusammen.

In jener Zeit versuchte die Popmusik, aus den engen Schranken auszubrechen, die man ihr zugewiesen hatte. Sie wollte zeigen, daß sie mehr war als nur ein Wegwerfprodukt für Teenager mit Liebeskummer. Vorreiter dieser neuen, ›intelligenten‹ Rockmusik war der frühere Folksänger Robert Zimmerman, besser bekannt als Bob Dylan, dessen Album ›*Bringing It All Back Home*‹ tausende von Textschreibern in aller Welt beeinflussen und die Entwicklung der Rockmusik entscheidend verändern sollte.

Das Jahr 1965 stellte den Beginn von jugendlichem Protest und Drogenexperimenten dar. In Amerika hatten Tausende von Jugendlichen ihren Einberufungsbescheid verbrannt, um gegen den Krieg in Vietnam zu protestieren. Zur gleichen Zeit begann ein gewisser Ken Kessey Gruppenexperimente mit dem damals noch legalen Halluzinogen Lysergsäure (LSD). Seine Versuche trugen die passende Bezeichnung ›Acid Tests‹.

In England kamen die Triebkräfte der Mode- und Rockwelt zumeist von den Kunsthochschulen. Die Mehrheit der Stones, der rebellischsten Rockband aller Zeiten, war diesen Weg gegangen; dem Chef der Who, dem Gitarren zertrümmernden Pete Townshend, war die Idee, eine Band zu gründen, während seiner Zeit an der Ealing Art School gekommen, dem College, auf das der neunzehnjährige Freddie ein Auge geworfen hatte. Kunsthochschulen standen für Freiheit, Kreativität und die Chance, ›sein eigenes Ding zu machen‹. Freddies Eltern waren von den Plänen ihres einzigen Sohnes nicht sonderlich angetan, aber der eigenwillige Freddie setzte sich durch. Er hoffte, vielleicht etwas von dem Zauber, den er in Sansibar und Indien hatte zurücklassen müssen, in seine neue Heimat hinüberzuretten.

Die anderen Studenten dachten krampfhaft über das Design einer neuen Waschmittelpackung nach. Freddie, zwanzig Jahre alt, mit Samthose und Plateausohlen, hatte etwas auf sein Blatt gekritzelt und war in einen Tagtraum geflüchtet. Leute dazu zu bringen, Seifenpulver zu kaufen, darin sah er nicht seinen Lebenszweck. Er träumte von dem Tag, an dem er etwas Überzeugenderes verkaufen würde... sich selbst als Rock-Superstar.

Langsam richtete er sich auf und nahm ein 30 cm-Lineal in beide Hände, dann rammte seine Rechte das schmale Stück Plastik in seine Hüfte. Seine linke Hand bewegte sich auf und ab, als würde sie imaginäre Akkorde spielen, und sein dunkelhäutiges, hageres Gesicht verzerrte sich ekstatisch.

Aus seinem Mund mit den ein wenig vorstehenden Zähnen erklang ›Purple Haze all in my brain...‹, Jimi Hendrix' Hit-Single. Hendrix war der wohl schillerndste Star der Rockszene, ein Idol der britischen Untergrundkultur, und Mercury war vernarrt in den unbändigen Gitarristen aus Seattle im U. S.-Bundesstaat Washington, der nun seine Heimat in der nach wie vor swingenden englischen Hauptstadt gefunden hatte.

Besessen von allem, was Hendrix liebte – von den regenbogenfarbigen Seidenhemden und den Chiffon-Schals bis hin zu seiner Frisur, die aussah, als wäre sie das Ergebnis dutzender von Elektroschocks – verkörperte dieser halbe Cherokee-Indianer für Mercury die aufregende, wilde und leidenschaftliche Jugend.

An der Kunsthochschule verbrachte er einen Großteil seiner Zeit damit, den außergewöhnlichen Gitarristen zu zeichnen. Sein Lieblingsbild von Hendrix zeigte diesen als einen modischen Stutzer gekleidet im Stil des 18. Jahrhunderts. In späteren Interviews führte Mercury gerne aus, daß die unwahrscheinliche Kombination von Hendrix und Liza Minelli größten Einfluß auf ihn genommen habe.

Sechs Jahre später sollte er nicht mehr mit dem Plastiklineal, sondern mit einem Mikrofonständer wie auf einer imaginären Gitarre spielen und Tausende von Fans in einen Rausch versetzen. Aber seinem heutigen Auftritt war kein besonderer Erfolg beschieden. »Setz dich hin, Bulsara, du Blödmann. Dein Gesang ist ja nicht auszuhalten«, spottete ein Student. Er stand nicht allein mit seiner Meinung. Ein Kommilitone, Jerry Hibbert, heute Direktor eines Unternehmens, erinnert sich: »Freddie war eher ein ruhiger Typ. Kaum zu glauben, daß aus ihm so ein Star geworden ist. Es gab andere Studenten am College, die fielen mehr auf und waren lauter als er.« Und Graham Collis, heute Filmregisseur, hat Mercury sogar als ›Waschlappen‹ in Erinnerung: »Er kicherte immerzu wie ein kleines Schulmädchen. Wir hielten ihn nicht für besonders talentiert. Immer wenn er aufstand und Jimi Hendrix nachmachte, überstimmten wir ihn und riefen: ›Setz dich hin, Freddie, du wirst nie Erfolg haben!‹«

Graham Rose aus Freddies Graphikkurs erinnert sich, daß nichts auf seinen späteren eleganten Stil hingewiesen hatte – die hautengen Trikots, die Hermelin-Capes, das ganze Outfit. »Freddie war alles andere als eine schillernde Persönlichkeit. Er war so dürr wie ein Bleistift und trug meist enge Jeans oder Samthosen, in denen er noch dünner aussah. Nun, er hatte eben nichts anderes an als wir alle in jener Zeit. Eigentlich war er ein ruhiger Typ, aber immer wieder überkamen ihn diese Kicheranfälle. War es wieder mal so weit, dann legte er seine Hand auf den Mund, damit man seine riesigen, vorstehenden Zähne nicht sehen konnte. Ich erinnere mich, er war ein prima Kerl, freundlich und zuvorkommend. Es gab nichts Schlechtes über ihn zu sagen. Viele von uns haben sich gefreut, als er seine ersten Erfolge feiern konnte.«

So wild und ausschweifend Mercurys Leben zur Blütezeit von Queen auch gewesen sein mag, am College war davon nicht zu spüren. Seine Kommilitonen in Ealing können sich an ganz wenige Freundinnen erinnern, aber an keine Freunde. Rosemary Collis hatte einen Modekurs belegt, den auch Freddie ein Jahr lang besuchte: »Ich kann mich nicht daran erinnern, daß er bei den Mädchen besonders beliebt war.« Und auch auf sie machte er nur wenig Eindruck. »Freddie fiel nur auf, weil es nur zwei Jungs in unserem Kurs gab. Er war schrecklich ruhig und zurückhaltend. Nie war er außergewöhnlich gekleidet«, sagt sie.

Mercury war ganz anders als der Rest der Studenten, meint ein früherer Dozent am Ealing College of Art. Manchmal ging es in den Vorlesungen chaotisch zu, aber der angehende Sänger war nie daran schuld, sagt sein Tutor Peter Daglish: »Freddie schien sich immer ein bißchen zu distanzieren von den anderen. Offenbar wollte er für sich sein. Ich glaube, er fühlte sich ein wenig als Fremder, möglicherweise wegen seines exotischen Äußeren. Aber er hat sich gewiß nicht abgekapselt von den anderen.«

Tatsächlich benahmen sich die Studenten ab und zu wie Rowdies, sagt Daglish, aber Mercury heulte nicht mit den Wölfen: »Einmal mußte ich ihnen eine gewaltige Standpauke halten. Es war am Nachmittag, und ich weiß nicht, ob sie in der Kneipe gewesen waren oder was sie sonst vorhatten, aber sie waren sehr laut. Zu den größten Rabauken der Gruppe gehörten Tim Staffell und Graham Rose. Für musikalisch hielten sich die Studenten alle, und so sang Graham Rose laut und voller Inbrunst, während Tim Staffell sich als Witzbold betätigte. Im Grunde waren sie Schuljungen geblieben. Zuweilen war die Gruppe wirklich unerträglich und trieb die Dozenten zur Weißglut, aber gemeint war es ganz harmlos. An eine ›Vorstellung‹ Freddies erinnere ich mich gut«, fügt Daglish hinzu. »Er stand hinten im Raum und imitierte Jimi Hendrix, ein Winkelholz diente ihm als Mikrofon. Später war ich sehr überrascht, als aus Freddie so ein Star wurde.«

Nach Aussage von Daglish hatte der Kurs einen guten Ruf, und es war schwer, einen Studienplatz zu bekommen. Die meisten Studenten wurden später auf den verschiedensten Gebieten erfolgreich, zum Beispiel beim Film, in der Werbung, in der Malerei, im Kunstgewerbe und in der Fotografie. »Es war ein sehr progressiver Kurs. Alle Tutoren im Grundkurs praktizierten das, was sie unterrichteten, selbst. Es gab ähnliche Kurse, aber die verfügten nicht über dieselbe Dynamik. Für mich stellte es eine unschätzbare Erfahrung dar, dort zu lehren, und Freddies Jahrgang war äußerst talentiert. Auch die Aufgaben, die gestellt wurden, waren sehr kreativ. Wir sagten den Studenten, was uns vorschwebte, und ihrem Erfindungsreichtum waren dann keinerlei Grenzen gesetzt.«

Eine Aufgabe trug den Arbeitstitel ›The Queen's Garden Party‹. Die Studenten sollten sich Gäste für die Party ausdenken und Porträts von ihnen anfertigen. Das war Mercurys allererste Queen-Party und – obwohl er es damals noch nicht ahnen konnte – ein Omen für die kommenden Ereignisse.

Kapitel 3

SMILE

Die Geburt einer einzigartigen Band

>*Wenn ich das nicht gemacht hätte,
wäre aus mir nichts geworden.
Ich kann nicht kochen, und zur
Hausfrau tauge ich auch nicht.*«

Die Band wäre fast gescheitert, wie so viele andere. Die ersten zaghaften Schritte unternahm die Gruppe im Jahre 1968, aber es bedurfte weiterer sechs Jahre des Kampfes um Anerkennung und gegen schlechte Kritiken, bevor sich die ersten Erfolge einstellten. Ihre Karriere begann in Londons Imperial College, wo der Physikstudent Brian May eine Band auf die Beine stellen wollte. Ein früherer Student der Zahnmedizin, Roger Taylor, und ein Kunststudent, Tim Staffell, ließen sich nicht lange bitten; gemeinsam nannten sie sich dann ›Smile‹. Eine amerikanische Firma nahm sie für eine Platte unter Vertrag, und die Band träumte schon vom großen Durchbruch.

Die erste Single, zugleich auch Smiles letzte, war allerdings ein totaler Flop, zum Teil weil sie nur in den USA veröffentlicht worden war, und noch dazu ohne jegliche Unterstützung von seiten der Plattenfirma. Im Jahre 1970 verließ Staffell die Gruppe, um mit einer neuen Band, ›Humpy Bong‹, sein Glück zu versuchen. Er glaubte, auf dem richtigen Weg zu sein, und es gelang ihm, einen früheren Kommilitonen, Freddie Mercury, für Smile zu gewinnen. Mercury hatte vorher für zwei relativ unbekannte Bands gesungen: ›Wreckage‹ und ›Sour Milk Sea‹. Im gleichen Jahr gingen die drei mit ständig wechselnden Bassisten auf Tour durch Englands Colleges und Clubs.

Nachdem die Gruppe ohne Erfolg sechs Bassisten verschlissen hatte, wurde 1971 als viertes Bandmitglied John Deacon unter Vertrag genommen. Die Gruppe nannte sich von nun an ›Queen‹; den Namen hatte sich Mercury einige Jahre zuvor ausgedacht. Seine Erklärung: »Es ist zwar nur ein Name, aber ein königlicher, und er klingt prächtig. Ein starker Name, universell und eingängig.«

Queen gelang der Durchbruch 1972 als indirektes Ergebnis der zahlreichen Demo-Bänder, die sie in den De Lane Lea-Aufnahmestudios gemacht hatten, wo man sie gebeten hatte, als Gegenleistung für unbegrenzte Studiozeit die Einrichtungen zu testen. Diese Bänder wurden von mehreren Plattenfirmen abgelehnt, und erst nachdem die Band ihre Pub- und Clubtour durch London begonnen hatte, wurden Verantwortliche von Trident Audio Productions auf sie aufmerksam. Sie unterzeichneten eine Übereinkunft, in der Herstellung, Vertrieb und Managemant geregelt wurden, der erste Schritt zum Vertrag mit der mächtigen EMI. Jetzt war Queen auf dem Weg zum Erfolg – auch wenn zu diesem Zeitpunkt noch nichts darauf hindeutete, angesichts des bescheidenen Interesses an der Debütsingle ›Keep Yourself Alive‹. Als Erfindung cleverer Werbestrategen abgetan, weigerte sich BBC Radio One, den Titel zu spielen, der dann auch folgerichtig den Sprung in die Charts verpaßte. Das Debütalbum erwies sich ebenfalls als Reinfall. Die Kritiken sparten nicht mit giftigen Kommentaren (»ein Eimer Urin« – Nick Kent im New Musical Express!). Trotzdem wurde das Album ein Jahr später, nach dem Erfolg ihrer zweiten LP, *Queen II*, ein Verkaufsschlager.

Die strapaziösen Touren und Auftritte begannen sich letztendlich auszuzahlen, und bald waren die wachsende Anhängerschaft und die Hit-Single ›Seven Seas Of Rhye‹ der Beweis dafür, daß Queen es geschafft hatte. Der Erfolg sollte andauern. Mit jedem Jahr wurde die Musik der Band gehaltvoller, überzeugender und abenteuerlicher. Stolz hielten sie die Köpfe empor, so wie Mercury bei seinen Auftritten, trotz der ständig neuen musikalischen Trends, die das Ende vieler Gruppen bedeuteten. Sie überlebten Disco, Punk und die letzten Teenie-Bands.

In regelmäßigen Abständen unterbrachen sie ihre gemeinsame Arbeit, um sich einer Vielzahl anderer Projekte zu widmen. Mercury machte mehrere Soloplatten, darunter ›Love Kills‹, ein ›Top Ten‹-Hit 1984 (elf Jahre war es jetzt her, daß er unter dem Pseudonym ›Larry Lurex‹ den Song ›I Can Hear The Music‹ aufgenommen hatte). Seinen größten Solo-Erfolg erzielte er mit ›The Great Pretender‹, dem unvergeßlichen Klassiker aus den 50er Jahren. Im März 1987 kletterte er damit bis auf Platz vier der Hitparade. Sein erstes Solo-Album *Mr. Bad Guy*, in München aufgenommen, erreichte im Mai 1985 Platz zehn der LP-Charts. Mercurys Solo-Projekte umfaßten auch einige Kompositionen für das West End-Musical *Time*, ebenso sein Album *Barcelona* mit der spanischen Operndiva Montserrat Caballé.

Roger Taylor war das erste Mitglied der Band, das sich unter seinem eigenen Namen auf Solopfade gewagt hatte. Im August 1977 veröffentlichte er die Single ›I Wanna Testify‹, und in der Folgezeit erwies er sich sogar noch produktiver als Mercury selbst. Er brachte die Alben *Fun In Space* (1981) und *Strange Frontier* (1984) auf den Markt und fand dann mit seiner neuformierten

Gruppe ›Cross‹ zurück zu seinen Rock 'n' Roll-Wurzeln. Mit dieser Band ging er auf Tournee und veröffentlichte überdies die zwei Alben *Shove It* und *Mad, Bad And Dangerous To Know*.

Brian May wurde Sessionmusiker und Produzent. Er arbeitete mit so unterschiedlichen Talenten wie ›Bad News‹ (einer aus Mitgliedern der ›Young Ones‹ bestehenden Comedy/Heavy Metal-Truppe) und Anita Dobson (aus der Fernsehserie ›Eastenders‹) zusammen, während er gleichzeitig einige Songs mit ›The Star Fleet Project‹ einspielte. Das Ergebnis war eine Mini-LP im Oktober 1983. Und Bassist John Deacon, aus dessen Feder einige der größten Queen-Hits stammten, darunter ›Another One Bites The Dust‹, gründete die ›Immortals‹ und schrieb die Musik für den Film *Biggles*. Das bewies der Öffentlichkeit, daß er, wie auch die restlichen Mitglieder der Band, über seine eigene musikalische Identität und über genügend Talent verfügte, was ihn davor bewahrte, mit der Gruppe nur ausgetretene Pfade zu begehen.

Zu einer Zeit, als weitaus weniger erfolgreiche Bands oft vier Jahre für die Fertigstellung eines Albums benötigten, zeigten sich die Queens ausgesprochen produktiv. Von 1973 bis 1991 brachten sie durchschnittlich eine LP/CD pro Jahr heraus – eine Leistung, die nur wenige neue oder etablierte Bands zu vollbringen in der Lage sind.

Obwohl er das bekannteste Mitglied von Queen war, fühlte sich Mercury nicht als der Alleinverantwortliche. Die anderen drei Mitglieder – Brian May, Roger Taylor und John Deacon – waren mehr als nur eine ›backing group‹; jeder einzelne stellte einen wesentlichen Bestandteil des Ganzen dar, und die Band konnte nur durch ihre gemeinsamen Anstrengungen bestehen. Jeder für sich war ein begnadeter Musiker, ganz besonders May, dessen innovative Gitarrenarbeit genauso als Markenzeichen für die Songs von Queen anzusehen war wie Mercurys unverwechselbarer Gesangsstil. Alle trugen Songmaterial bei, alle waren voll integriert in die anstrengenden Studioarbeiten, und alle hatten ihre eigene Vorstellung von der Zukunft der Band.

Mercury war auch nicht der einzige Partylöwe der vier. Schlagzeuger Roger Taylor, der mit seiner blonden Haarpracht auf Millionen von Postern lächelte, stand Mercury bei irgendwelchen Ausschweifungen in nichts nach. Obwohl Mercury der Wortgewandteste war, distanzierte er sich nicht vom Rest der Gruppe. Alle vier konnten einen Hochschulabschluß nachweisen, was ihnen den Beinamen ›Denker der Rockmusik‹ eingebracht hatte. Auf ihre Weise waren sie alle verantwortlich für die Band und ihre Musik, aber wenn Mercury für Schlagzeilen sorgte, war der Rest der Gruppe, anders als bei vielen Bands, nicht neidisch auf ihn, sondern gönnte ihm das Bad im Rampenlicht.

Der Schlüssel zu ihrem Erfolg – ein Erfolg, der ihnen fast zwanzig Jahre lang einen Platz auf dem Olymp der Popmusik garantierte und sich im Verkauf von hundert Millionen Schallplatten widerspiegelte – lag in ihrer musikalischen Vielfalt. Obwohl ihr Sound unverkennbar war, zeichneten sich ihre Songs durch einen erstaunlichen Abwechslungsreichtum aus, nur noch übertroffen von Mercurys ständig wechselnder Garderobe. Viel ist schon geschrieben worden über ihre Verschmelzung von Rockmusik und Elementen der Oper, wie bei ihrer bombastischen ›Bohemian Rhapsody‹, einer verwirrenden Mischung aus Opernchören und kreischenden Gitarren. Aber ihre Songs waren weit mehr als eine Begegnung zwischen ›Carmen‹ und ›Led Zeppelin‹ und werden deshalb unvergeßlich bleiben.

Queen konnte es mit jeder Hardrock- oder Heavy

Frederick Bulsara als Kunststudent an der Ealing School of Art.
(Photo: Daily Mail)

April 1974: Die Queens waren in aller Munde – wie ihre Musik, so stellten auch Photos der Band kleine Kunstwerke dar. *Im Uhrzeigersinn von links:* John Deacon, Roger Taylor, Freddie Mercury, Brian May. *(Photo: S. I.)*

Metal-Band aufnehmen. Der Song ›Tie Your Mother Down‹ war ein Beispiel dafür. Sie brachten ganze Stadien zum Mitsingen mit ›We Are The Champions‹. Sie machten tolle Disco-Nummern wie ›Another One Bites The Dust‹ und ›Under Pressure‹. Sie schufen futuristische Elektronikklänge, wie zum Beispiel das faszinierende ›Radio GaGa‹, und sanfte Rockballaden wie ›It's A Kind Of Magic‹ oder das postum veröffentlichte ›These Are The Days Of Our Lives‹, einer der bewegendsten Songs der Gruppe überhaupt. Sie produzierten Schmalz (›Fat Bottomed Girls‹) und majestätisch überladene Manifestationen (›I Want To Break Free‹). Sie schrieben Songs mit eindringlichen Botschaften (›One Vision‹) und Songs ohne jegliche Aussage. Sogar Elvis konnten sie nachahmen, ohne daß es sich nach einer billigen Imitation anhörte, wie ihr ›Crazy Little Thing Called Love‹ beweist, ein einfaches Liedchen, bei dem es einem schwerfällt zu glauben, daß es *der* Mann geschrieben haben soll, aus dessen Feder auch die gewaltige und komplexe ›Bohemian Rhapsody‹ stammte.

Über die Jahre hinweg schrieben die Queens immer wieder neue und aufregende Songs. Die Fans konnten nicht genug davon kriegen, und die Anhängerschaft wuchs ständig. Während ihrer Karriere, die neunzehn Alben umfaßte, erschien ihr musikalisches Repertoire nahezu unbegrenzt, dauernd waren sie auf der Suche nach neuen Horizonten – immer auf unterhaltsame Art, wenn auch nicht immer erfolgreich. Um fast zwanzig Jahre lang an der Spitze zu bleiben, mußten die Queens sich und ihre Musik ständig neu definieren, um zu verhindern, daß sich ihr Stil überlebte und nur noch den harten Kern ihrer Fans ansprechen würde. Daß sie das unter Beibehaltung ihres unverwechselbaren Sounds mit einem komplizierten Gewebe musikalischer Stilrichtungen geschafft haben, stellt eine Leistung dar, die nur wenige Bands für sich in Anspruch nehmen können – und das in einer Zeit, in der sich der musikalische Geschmack fast über Nacht ändert.

Schon in den Anfangstagen der Band hatte Mercury das Queen-Manifest dargelegt: »Ich möchte auch Dinge machen, die man nicht mit Queen in Zusammenhang bringt. Mir ist es sehr wichtig, vieles auszuprobieren. Was hätte die Arbeit sonst für einen Sinn? Genausogut könnte man all seine alten Schallplatten verschenken. Ich möchte immer wieder an neuen Projekten arbeiten. Das macht die Sache so interessant und beflügelt außerdem die Schaffenskraft.«

Den Fans gefielen die ständigen Stilwechsel. Auf dem Höhepunkt der Band verzeichnete allein der englische Queen-Fan-Club die stolze Zahl von 47000 Mitgliedern. Das Geheimnis der Queens lag darin, daß man eine Platte gräßlich finden konnte, von der nächsten aber total hingerissen war. So schafften sie es, zu überleben – trotz Fehler, Peinlichkeiten, herber Kritiken und unaufhörlicher Versuche, sie in Schubladen zu stecken. »Ich hasse es, abgestempelt zu werden«, hat Mercury einmal gesagt, »das prallt von mir ab. Musik sollte stets eine einzige offene Tür sein.«

Jedes Queen-Album verzauberte von neuem die weltweit ständig wachsende Fan-Gemeinde. Und jedes für sich bedeutete einen seltenen musikalischen Leckerbissen. Zwei Jahrzehnte lang haben die Queens die Grenzen der Rockmusik gesprengt. Ihre Verschmelzung von Oper, Funk und Disco brachte ein klangliches Wunderland hervor, das auch in fünfzig Jahren nichts von seiner Frische und seinem Schwung eingebüßt haben wird. Obwohl Mercury zweifellos der produktivste Songschreiber der Band war (sein herausragendstes

Werk ist die ›Bohemian Rhapsody‹), hatten alle Mitglieder der Gruppe das Talent zum Komponieren, und alle leisteten ihren Beitrag zu der schier endlosen Reihe von Hits. So stammten von Brian May Hits wie ›We Will Rock You‹. Roger Taylor schrieb ›Radio GaGa‹, während John Deacon verantwortlich zeichnete für ›I Want To Break Free‹. Untereinander sorgten sie dafür, daß jedes Album eine Ansammlung von Kostbarkeiten darstellte.

Ihrem ersten Album, *Queen*, blieb der Sturm in die Charts versagt, und auch der stärkste Titel ›Keep Yourself Alive‹, ihre erste Single, schaffte nicht den Sprung in die ›Top forty‹. Aber das Album hinterließ dennoch Eindruck und weckte die Hoffnung, daß diese Band ihren Weg gehen würde. Abgesehen von Mercurys Stimme fiel die unglaublich verwegene Gitarrenarbeit auf, und diese schrillen Gitarrenklänge führten dazu, daß Queen zunächst in die Hardrockecke abgeschoben wurde, als eine Art Glam Rock-Version von Led Zeppelin. Es sollte eine Weile dauern, bis die Gruppe das Hardrock-Image abschütteln konnte, sie schafften es aber schließlich durch sanftere Harmonien und sparsameren Einsatz der Metal-Gitarren. Aber obwohl es die Gruppe haßte, in eine Schublade einsortiert zu werden und mehr als alles andere etwas Eigenes machen wollte, verschaffte ihnen diese musikalische Nische ein Publikum, dessen Unterstützung sie brauchte, um die Plattenverkäufe sicherzustellen.

Als 1974 *Queen II* erschien, begann ›Seven Seas Of Rhye‹ die Hitparaden hochzuklettern, und die Gruppe wurde zum ersten Mal einem breiten Publikum bekannt. Die Single paßte wie angegossen in die Charts der damaligen Zeit, die von Gitarrengruppen wie T. Rex und Slade beherrscht wurden. Aber obwohl Queen mit ›Seven Seas Of Rhye‹ ihren ersten Hit verbuchen konnte, brachte das Album nur eine leichte, eigentlich unbedeutende Verbesserung gegenüber seinem Vorgänger. Die Single war zweifellos der Höhepunkt unter anderen pompösen, majestätischen Titeln wie ›Ogre Battle‹ und ›Fairy Fellers Masterstroke‹. Die Produktion der Band hatte sich zwar verbessert, aber der eigentliche Zauber von Queen ließ noch auf sich warten.

Ende 1974 veröffentlichte die Band das Album, das endlich ihre wahren Fähigkeiten an den Tag legte. *Sheer Heart Attack* kam schon acht Monate nach *Queen II* auf den Markt und überzeugte sogar den skeptischen Bassisten John Deacon davon, daß Queen das gewisse Etwas hatte. »Da ich als letzter dazukam, konnte ich die Dinge mehr von außen betrachten«, sagte er. »Die Band hatte schon immer über ein gewaltiges Potential verfügt, aber erst nach *Sheer Heart Attack* war ich überzeugt, daß wir es schaffen würden.« Das Album, eine gewaltige Steigerung gegenüber früheren Veröffentlichungen, enthielt den Klassiker ›Killer Queen‹, ein Titel, der alle Qualitäten der vier in sich vereinigte. Innerhalb von Sekunden wechselten die Musikstile, die dennoch nahtlos ineinander übergingen. ›Killer Queen‹ schaffte wie ›Seven Seas‹ den Sprung in die ›Top ten‹ und hätte Queen beinahe den ersten Nummer-Eins-Hit in England beschert, so blieb Platz zwei. Der Erfolg dieser Mercury-Komposition, die im Aufbau der ›Bohemian Rhapsody‹ ähnelte, ermunterte die Band, mit anderen Musikformen zu experimentieren. Gemeinsam mit Brian Mays ›Now I'm Here‹, einer weiteren Hit-single (Platz elf), bewies das Album, daß Queen ausgefeilte, komplexe Songs abliefern konnte, die dennoch eingängig genug waren, um ein breites Publikum anzusprechen.

Die 1975er Veröffentlichung *A Night At The Opera* wies wahrhaft königliche Züge auf. Der Glanzpunkt des Albums war ›Bohemian Rhapsody‹, einer der innovativsten und atemberaubendsten Songs in der Geschichte der Rockmusik. Erschienen Ende Oktober 1975, hielt sich ›Bohemian Rhapsody‹ neun Wochen lang an der Spitze der Charts, ein Rekord, der erst von Bryan Adams ›Everything I Do I Do It For You‹ gebrochen wurde, und zwar in dem Jahr, als Mercury um sein Leben kämpfte. Die Platte wurde Queens erster Nummer-Eins-Hit, und der Rockmusik wurden neue Dimensionen eröffnet. Bis dahin waren die Queens Gefahr gelaufen, als anmaßende Glam-Rocker abgetan zu werden, als eine Mutation von Led Zeppelin und Mud. Auch nach drei Hit-Singles (›Seven Seas Of Rhye‹, ›Killer Queen‹ und ›Now I'm Here‹) war sich die Gruppe aber bewußt, noch längst nicht alle ihre Möglichkeiten ausgeschöpft zu haben. Dieser Frust und die gleichzeitige Enttäuschung beim Management führten zur Vertragsunterzeichnung mit Elton Johns erfolgreichem Manager John Reid. Der Kontrakt wurde nur wenige Wochen vor der Veröffentlichung von ›Bohemian Rhapsody‹ besiegelt.

Der Song stammte vom Album *A Night At The Opera* und war das gemeinsame Produkt von Mercury und Produzent Roy Thomas Baker. Beim Hören der Rohfassung von ›Bohemian Rhapsody‹ verschlug es Baker die Sprache. Mercury begann, auf seinem Klavier den Harmonierahmen zu spielen, und dann eröffnete er dem verblüfften Produzenten mit einem königlichen Tusch: »Und hier, mein Lieber, setzt der Opernteil ein.« Die Verschmelzung von zwei völlig unterschiedlichen Musikstilen im Rahmen einer Popsingle war ungewöhnlich, und frühere Versuche hatten meistens mit einem Desaster geendet. Aber Mercury ließ sich nicht beirren, nein, er wollte seine Idee sogar bis zum Letzten ausreizen. Was zunächst nur als ein kleiner Einschub gedacht war, artete aus in eine musikalische Orgie mit mehr als einhundertachtzig Stimmen. Die Aufnahmen dauerten drei Wochen, weil Mercury ständig etwas veränderte oder hinzufügte. Baker meinte, »Der Opernteil wurde von Freddie immer wieder umgestaltet. Er hatte eine feste Vorstellung, wie das Ganze klingen sollte, und er gab nicht eher Ruhe, bis die Aufnahme perfekt war.«

Aber trotz des Bombastischen, das eine Oper mit sich bringt, blieb der Rockrhythmus erhalten, und irgendwie harmonierten die zwei Stilrichtungen sogar miteinander.

Mercury hatte zwar die Schwierigkeit gemeistert, zwei unterschiedliche Musikformen unter einen Hut zu bringen, das Ergebnis brachte jedoch ein weiteres Problem mit sich. Die endgültige Version von ›Bohemian Rhapsody‹ hatte eine Länge von sechs Minuten – das Doppelte einer herkömmlichen Single. Dies und die ungewöhnliche Stilvermischung bereitete den EMI-Verantwortlichen gewaltige Kopfschmerzen. Die Hörer würden sich langweilen, argumentierten sie, eine Single dieser Länge würde bei den Radiosendern auf Ablehnung stoßen und könne daher niemals ein Hit werden. Aber Mercury und Queen, einig in ihrem Glauben an ihr majestätisches Opus, weigerten sich strikt, irgendwelche Kürzungen oder Veränderungen vorzunehmen. »Wir waren fest davon überzeugt, daß ›Bohemian Rhapsody‹ in seiner Gesamtheit ein Hit werden könnte. Natürlich waren wir durchaus zu Kompromissen bereit, aber beim Verstümmeln eines Songs machten wir nicht mit«, sagte Mercury.

Trotz seines Selbstbewußtseins hegte Mercury gewisse Zweifel. Davon erfuhr offenbar auch Kenny Everett, damals Discjockey bei BBC Radio One. Everett, ein guter Freund Mercurys, bat um eine inoffizielle Kopie des Titels, die er auch bekam. Der beliebte und einflußreiche DJ war begeistert und glaubte sicher, daß es dem Publikum nicht anders ergehen würde. Später sagte er: »Ich wußte auf Anhieb: das muß eine Nummer Eins werden, ganz egal, wie lang das Stück ist.«

Everett spielte den Song regelmäßig in seinem Programm, und aufgrund der steigenden Nachfrage sah sich die EMI schließlich gezwungen, die Platte zu veröffentlichen. Es war die erste Single der Band seit fast zehn Monaten, und ihr immenser Erfolg etablierte Queen im Kreis der ganz Großen.

Aber im Gegensatz zum Publikum waren viele Kritiker von diesen neuartigen Klängen nicht sonderlich angetan – in ihren Augen war das überproduziert, theatralisch, unsinnig. Allen Unkenrufen zum Trotz schoß die Platte aber einen Monat später auf Platz eins. Sie stürzte Billy Connollys Ulkversion von Tammy Wynettes Country-Hit: ›D. I. V. O. R. C. E.‹ vom Sockel und übernahm die Nachfolge früherer Hits des Jahres, wie David Bowies ›Space Oddity‹ und Rod Stewarts ›Sailing‹. Die Platte stellte auch den Vorläufer der Rock-Video-Revolution dar und wird allgemein als das erste Pop-Video angesehen – wenn auch der Zufall eine entscheidende Rolle dabei spielte. Die Band verpaßte nämlich einen Auftritt in der Fernseh-Show ›Top Of The Pops‹ und produzierte statt dessen mit Hilfe von Filmregisseur Bruce Gowers ein Begleit-Video für die Sendung.

Die Kosten des Films betrugen gerade 5000 £, aber das Ergebnis sorgte monatelang für Gesprächsstoff bei Pop-Fans und Kennern der Szene. Heutzutage wäre es natürlich undenkbar, für ein Video solch eine lächerliche Summe zu veranschlagen – Michael Jacksons ›Black Or White‹, die erste Single von seinem Album *Dangerous*, verschlang stattliche vier Millionen Pfund –, aber damals stellten 5000 £ eben eine riesige Investition seitens der Plattenfirma EMI dar. Als das Video im Fernsehen gesendet wurde, kamen die Pop-Fans aus dem Staunen nicht mehr heraus. Auf dem Bildschirm sahen sie die Köpfe der Bandmitglieder, vervielfacht wie in einem Kaleidoskop, und das alles im Rhythmus mit der Musik.

Die Firmenbosse konnten das Risiko nicht eingehen, das Queen-Video als einmaligen Werbegag abzutun. Schließlich war der Song neun Wochen lang die Nummer eins gewesen, und es bestand keinerlei Zweifel daran, daß der Film erheblich dazu beigetragen hatte. Das *Bohemian Rhapsody*-Video hatte also eine Auslöserfunktion in der Popwelt. Von nun an kam keine Band mehr ohne ein Video ihres neuesten Songs aus, wenn dieser ein Hit werden sollte. *A Night At The Opera* erfüllte alle Erwartungen, die *Sheer Heart Attack* ein Jahr zuvor geweckt hatte. Von Roy Thomas Baker produziert, enthielt das Album zwei weitere Meisterwerke: ›You're My Best Friend‹, eine Deacon-Komposition, eroberte den Markt auf beiden Seiten des Atlantiks, ein würdiger Nachfolger von ›Killer Queen‹, ebenfalls ein US-Top twenty-Hit; aber viele sahen das Glanzstück des Albums in der Ballade ›Love Of My Life‹, in vielen Ländern ein Erfolg, entgegen aller Erwartungen aber nicht in den UK-Charts (in England 1979 als Live-Trak veröffentlicht, erreichte der Titel nur Platz 63). Bei einem Auftritt in Brasilien dagegen bildete ›Love Of My Life‹ den Höhepunkt des Konzerts; die begeisterte Menge stimmte mit ein und sang das Lied Wort für Wort mit.

Die Queens begeisterten die Popwelt mit ihren geschickten Klangkollagen, und auch der Titel ihres nächsten Albums, *A Day At The Races*, stammte aus einem Film der Marx Brothers. Fast genau ein Jahr nach *A Night At The Opera* wartete das Album wiederum mit einer Reihe großartiger Rock-Titel auf, darunter das knallharte ›Tie Your Mother Down‹ und das ruhigere ›Good Old-Fashioned Loverboy‹. ›Somebody To Love‹ mit seinen übereinandergelegten Vokalpartien wurde zum größten Hit des Albums und brachte der Band Platz zwei in den britischen Charts ein. (Queen brauchte von Groucho Marx die Genehmigung, die Filmtitel für die Alben zu verwenden. Grouchos Antwort auf die Anfrage hatte gelautet: »Ich freue mich sehr darüber, daß Sie eines Ihrer Alben nach meinem Film benannt haben und daß Ihnen damit Erfolg beschieden ist. Glücklich würde ich mich schätzen, wenn Sie für Ihre nächste LP den Titel meines neuesten Films wählen würden, ›The Greatest Hits Of The Rolling Stones‹.«)

Album Nummer sechs, *News Of The World* (1977) beinhaltete zwei der bekanntesten und beliebtesten Hymnen der Band. Mit den zwei Stadion-Rockern, ›We Will Rock You‹ und ›We Are The Champions‹, stieß Queen in eine neue Dimension vor. Die Chorpartien strotzten nur so von Kraft, und das Publikum ließ sich nur allzu gerne in ihren Bann ziehen.

Beim 1978er Album *Jazz* wagte sich die Band zwar nicht auf das Gebiet von Miles Davis, aber das Material war so mannigfaltig, daß der Titel gerechtfertigt erschien. Es glich einer Wundertüte: von der Ballade ›Leaving Home Ain't Easy‹ bis hin zu dem munteren ›Bicycle Race‹, nicht zu vergessen das atemberaubende ›Don't Stop Me Now‹ oder das fast schon kitschige ›Fat Bottomed Girls‹.

Nach *Jazz* kam nach zweijähriger Pause *The Game* (1980), das nächste Studioalbum, wieder vollgepackt mit Kostbarkeiten wie ›Save Me‹, einer kraftvollen Ballade, bei der Freddie alle Register seines stimmlichen Könnens zog, und ›Crazy Little Thing Called Love‹, eine Elvis-Parodie, die Mercury Gelegenheit zu seinem

Debüt an der Rhythmusgitarre gab. Aber der eigentliche Höhepunkt war ›Another One Bites The Dust‹. Mit Funkrhythmen und hämmernder Baßbegleitung durchbrach Queen musikalische Barrieren und wagte sich auf den zum größten Teil von Schwarzen beherrschten Disco-Markt. Der gewaltige Erfolg der Platte zeigte wieder einmal, daß die Band in keine Schublade paßte. Queen wollte sich einfach keinen Stempel aufdrücken lassen.

Um auch mit neuesten Trends Schritt halten zu können, setzte die Band erstmals bei ihren Aufnahmen einen Synthesizer ein. Aber im Gegensatz zu vielen anderen übertrieben sie die elektronischen Spielereien nicht, sondern verließen sich auf ihre Instrumente und kombinierten diese wirkungsvoll mit der neuen Technologie.

Danach nahm die Karriere der Band eine unerwartete Wendung, mit der sich die Queens aber ein ganz neues Publikum eroberten – die Kinobesucher. Im Jahre 1980 wagten sie sich an die Aufgabe heran, die Begleitmusik für ein aufregendes Leinwandspektakel zu komponieren, und zwar für die Abenteuer des Comic-Superhelden Flash Gordon. Damals war die Zusammenarbeit zwischen Filmindustrie und Rockmusik noch nicht an der Tagesordnung – die Filmwelt hatte die Vorzüge eines speziellen Pop-Soundtracks noch nicht entdeckt –, aber Mercury, Taylor, May und Deacon waren von einigen kurzen Ausschnitten des Films dermaßen beeindruckt, daß sie es kaum erwarten konnten, sich dieser neuen Herausforderung zu stellen. Die Arbeit erwies sich als durchschlagender Erfolg und zeigte ihren Kollegen in der Musikszene, daß man einen brandneuen Soundtrack schreiben konnte, der obendrein noch einen Hit abwarf. ›Flash‹, eine clevere Mischung aus Filmausschnitten und einem donnernden Chor, stürmte die Singles-Charts, während das Album Platz zehn erreichte. Interessant war, wie die Band ohne Mercurys überwältigende Gesangspartien fertigwerden würde, aber May und der Rest überstanden die Sache unbeschadet mit diesem Album, das hauptsächlich von seiner starken Instrumentierung lebte.

Der Regisseur des Films, Mike Hodges, erinnert sich: »Die Queens besaßen diesen grenzenlosen Sinn für Humor, außerdem ihren unverwechselbaren Sound, und das war es, was wir für *Flash Gordon* brauchten. Der Band gefiel der Film, und die Arbeit daran erlaubte ihnen, sich wie Kinder gehen zu lassen.«

Die Queens arbeiteten etwa drei Monate an den fantastischen Abenteuern des Comic-Superhelden. Die Aufnahmen dauerten dann drei Wochen, außerdem wurde noch ein Video für die Single ›Flash‹ produziert. »Es hat Riesenspaß gemacht, mit der Band zu arbeiten«, sagte Hodges. »Nie gab es irgendwelche Konflikte. Alle haben sich gegenseitig geholfen.«

Nachdem sich die Band den Film angesehen hatte, machte sie sich an den musikalischen Teil. Während der nächsten drei Monate kamen sie einzeln oder manchmal gemeinsam, um den Filmemachern die Ergebnisse ihrer Arbeit vorzulegen. Mercury arbeitete unermüdlich, mit derselben Energie und Dynamik, mit der er all seine Projekte in Angriff nahm. »Er war sehr gewissenhaft und hat gründlich über alles nachgedacht, bevor er sich an die Arbeit machte. Obwohl der Rest der Band voll in das Projekt integriert war, hatte Freddie die stärkste visuelle Vorstellung von dem, was wir wollten. Die meisten visuellen Ideen kamen von ihm«, erinnert sich Hodges.

Mercury war nicht nur ein brillanter Musiker, er war auch der geborene Showman. Aber zu diesen Eigenschaften gesellte sich außerdem der ungeduldige Perfektionist: »Er hieß nicht umsonst Mercury, er hatte tatsächlich etwas vom rasenden Götterboten Merkur an sich«, sagte Hodges. »Auf der Bühne stand er unter Volldampf. Er wußte seinen Körper wirkungsvoll in Szene zu setzen, und sein Timing stimmte auf die Sekunde. Natürlich war er sehr selbstbewußt und schien zu wissen, was ankommt, aber er geriet auch leicht in Rage und wurde ungeduldig mit sich und anderen, wenn etwas nicht auf Anhieb klappte. Er war ein Perfektionist, der nichts dem Zufall überlassen wollte.«

Mercury war ein ganz anderer Mensch, wenn er nicht auf der Bühne stand: »Im Privatleben war er sehr zurückhaltend und recht schüchtern. Er machte einen überraschend verletzlichen Eindruck, so daß man den Wunsch verspürte, ihn zu beschützen. Wenn ich ihn bei seinen Auftritten erlebte, war ich erstaunt, denn erst dann bot er einen außergewöhnlichen Anblick.«

»Ich vermute, Freddie hat 'ne Menge Pillen geschluckt«, fährt Hodges fort. »Aber er muß es unglaublich diskret gemacht haben, denn ich habe nie etwas bemerkt. Aus meiner Erfahrung kann ich nur sagen, daß er und die anderen bei der Arbeit professionell und umsichtig waren.«

Seine weltweite Fangemeinde umfaßte ›Heavy Metal‹-Fans genauso wie Jugendliche, die von dem ›Flash Gordon‹-Film begeistert waren. Damit war die Zeit reif für die nächste Veröffentlichung der Band, *Queen – The Greatest Hits*, ein Meilenstein und das meistverkaufte ›Best Of...‹-Album aller Zeiten. Mit insgesamt zehn ›Top ten‹-Hits, darunter natürlich die Nummer eins ›Bohemian Rhapsody‹, konnte das Album mit Queens absoluten Glanzstücken aufwarten und machte noch einmal die Genialität der Band deutlich. Die Platte kam vor über einem Jahrzehnt auf den Markt, aber die zeitlosen Kompositionen werden immer aktuell bleiben.

Vom Erfolg ihrer *Greatest Hits* beflügelt, trieb die Band die Arbeit an ihrem neuen Album voran, dessen Höhepunkt die Zusammenarbeit mit David Bowie werden sollte. Das gemeinsame Produkt von zwei so begnadeten Rockstars erwies sich als unwiderstehlich, und ihr packendes Duett ›Under Pressure‹ schoß raketengleich an die Spitze der britischen Singles-Charts.

Das fesselnde ›Under Pressure‹ stammte vom Album *Hot Space* (1982), mit dem die Queens einen erneuten Stilwandel vollzogen und sich anschickten, die Tanzszene zu erobern. Mit ›Another One Bites The Dust‹ hatte die Band in der Vergangenheit schon einen Disco-Hit landen können, aber diesmal wollten sie sich nicht mit nur *einer* Tanznummer zufrieden geben. Das Album enthielt also reichlich davon, unter anderem ›Back Chat‹, ›Body Language‹ und ›Las Palabras del Amor‹. Aber zur Überraschung vieler blieb die Zusammenarbeit mit Bowie der einzige ›Top ten‹-Hit der LP; vielleicht waren viele Fans sprachlos angesichts des radikalen Stilwandels. Die Band ließ sich jedoch nicht aus dem Konzept bringen und setzte ihren Weg unbeirrt fort.

Nach *Hot Space* veröffentlichten die Queens zwei Jahre lang kein neues Studioalbum; diese Zeit nutzten die vier Bandmitglieder für diverse Soloprojekte. Aber die Pause tat gut: mit einem ihrer besten Alben überhaupt meldeten sie sich bei ihren Fans zurück. *The Works* von 1984 eroberte nicht nur ein neues und jüngeres Publikum, es wurde sogar das bis dahin erfolgreichste Album der Band. Es lieferte eine Reihe von Hitsingles, vom futuristischen ›Radio GaGa‹ zum rockigen ›Hammer To Fall‹, wobei das letztere deutlich die Handschrift Brian Mays trug. Weitere Hits von der LP waren ›It's A Hard Life‹ und ›I Want To Break Free‹, wobei sich Mercury von seiner besten Seite zeigte, seine Stimme schien geradezu über den Instrumenten zu schweben. Dieser Song über Freiheit und Gleichberechtigung wurde zur Hymne in Ländern, wo die Menschenrechte mit Füßen getreten werden, speziell in Südamerika und Südafrika. Das Album enthielt ferner die Ballade ›Is This The World We Created?‹, das Stück, das Mercury und May später beim ›Live Aid‹-Konzert gespielt haben.

Im folgenden Jahr veröffentlichten die Queens ihre *Complete Works*, eine Sammlung all ihrer bis dahin erschienenen Alben, auf die kein Fan verzichten konnte, dazu ein spezielles Mini-Album mit dem Titel *Complete Vision*. Darauf zu hören waren der Festtags-Hit ›Thank God It's Christmas‹ sowie die B-Seiten von ›Seven Seas Of Rhye‹, ›Radio Gaga‹, ›See What A Fool I've Been‹ und ›I Go Crazy‹. Ein Jahr später gelang es der Band, ihre bisherigen Verkaufszahlen abermals zu überbieten. Die meisten Titel von *A Kind Of Magic* waren für das Fantasy-Epos *Highlander* geschrieben worden. Das Album katapultierte sich an die Spitze, und die ausgekoppelten Singles wurden weltweit Riesenerfolge. ›One Vision‹, Queens Huldigung an ›Live Aid‹-Initiator Bob Geldof, erreichte Platz sieben, während sich ›A Kind Of Magic‹ elf Wochen lang in den Charts hielt und bis auf Platz drei kletterte. Beide Songs zeigten die gesamte Bandbreite des musikalischen Spektrums von Queen auf: ›One Vision‹ war ein schnörkelloser Rocksong, der andere bot eine lockere, eingängige Melodie. Weitere Höhepunkte des Albums bildeten ›Princes Of The Universe‹, die unter die Haut gehende Ballade ›Who Wants To Live Forever?‹ und ›Don't Lose Your Head‹, wobei die Queens akustisch von Joan Armatrading unterstützt wurden.

Nach *A King Of Magic* produzierte die Band kein neues Material mehr bis 1989, dem Erscheinungsjahr von *The Miracle*. Obwohl von der Kritik als lustlos und langweilig abgetan, eroberte *The Miracle* Platz eins. Das Album wurde am 22. Mai 1989 veröffentlicht, und abgesehen von ›The Invisible Man‹ bot es gewohnten Queen-Standard ohne musikalische Fortschritte. Zwei Singles schafften die ›Top ten‹: ›I Want It All‹ und ›Breakthru‹. Trotzdem wurde auch dieses Album, das noch die Single ›The Miracle‹ und einen recht bewegenden Song mit dem Titel ›Was It Worth It?‹ enthielt, ein absoluter Verkaufshit, ein Beweis für die unerschütterliche Treue der Queen-Fans weltweit.

Im Jahre 1989 wühlte die BBC tief in ihren verstaubten Archiven und veröffentlichte *Queen At The Beeb*, acht Titel, die 1973 bei Studiosessions aufgenommen worden waren. Für Queen-Fans stellten diese Aufnahmen natürlich ein unbedingtes Muß dar, das breite Publikum hingegen zeigte wenig Interesse.

Queens letztes Studioalbum war *Innuendo*, veröffentlicht im Februar 1991, neun Monate vor Mercurys Tod. Musikalisch präsentierte sich die Band wieder in großartiger Form mit einigen superben Songs, die um so erschütternder wirkten, weil die Öffentlichkeit erfuhr, welche Leiden Mercury während der Aufnahmen hatte ertragen müssen. Der Titelsong war die erste Queen-Single, die unmittelbar nach ihrer Veröffentlichung auf Platz eins kam. Mit einer Spieldauer von über sechs Minuten wurde ›Innuendo‹, das in seinem Aufbau stark an den Queen-Klassiker ›Bohemian Rhapsody‹ erinnerte, einer der erfolgreichsten Hits in der Geschichte der englischen Charts.

Bei ›I'm Going Slightly Mad‹, der zweiten Single, wandten sich die Queens radikal von ihrem gewohnten Sound ab. Der Text war teils absurd, teils lustig, und

Mercury erklärte sogar, er hätte ›nicht mehr alle Tassen im Schrank gehabt‹. Aber auch die knallharten Rocknummern kamen nicht zu kurz. Bei Titeln wie ›The Hitman‹, ›Headlong‹ und ›I Can't Live With You‹ zeigte sich die Band in prächtiger Form. Die kostbarsten Stücke des Albums jedoch waren ›Bijou‹ mit atemberaubenden Gitarrenakkorden sowie ›These Are The Days Of Our Lives‹, ein nachdenklich stimmender Song, in dem Mercury sein Leben Revue passieren ließ und über die Unabwendbarkeit des Schicksals philosophierte. (Der Song wurde nach Freddie Mercurys Tod zusammen mit der Neuauflage von ›Bohemian Rhapsody‹ abermals ein Nummer-one-Hit, eine letzte Huldigung an den unvergeßlichen Sänger.) *Innuendo* war das letzte Studioalbum vor Mercurys Tod. Das Video zeigt einen abgemagerten, sterbenskranken Mercury, dessen Gesicht einer Totenmaske glich. Aber die Musik des Albums war lebendig, und die Queens werden auch in Zukunft nichts von ihrem Zauber verlieren.

Die Könige der Rockmusik 1976.
Von links: Brian May, Roger Taylor, Freddie Mercury, John Deacon. *(Photo: S. I.)*

Freddie Mercury und Brian May live: die Nummer Eins
mit »Bohemian Rhapsody«. *(Photo: S. I.)*

Freddie Mercury – Superman. *(Photo: S.I.)*

Kapitel 4

DER GENIALE SHOWMAN

Auf der Bühne und im Film

> *»Ich liebe die Queens.*
> *Sie sind eben außergewöhnlich.«*

An Mercurys Standard gemessen, war es eher eine ruhige Veranstaltung. Zwölf Oben-Ohne-Mädchen bewegten sich mit Magnum-Champagnerflaschen durch die Reihen der Gratulanten, die hinter die Bühne gekommen waren, um den Queens zu ihrer ausverkauften Show im New Yorker Madison Square Garden zu gratulieren. Für später hatten Mercury und seine Mannen eine angemessene Party geplant, aber für den Moment mußte dieser bescheidene kleine Rahmen reichen.

Ich bekam einen flüchtigen Eindruck davon, wie es sein mußte, zum ständigen Gefolge von König Freddie zu gehören. Einige Stunden zuvor war ich in einer weißen Limousine, so groß wie ein Bungalow, vom John-F.-Kennedy-Flughafen abgeholt und zu meinem Hotel gebracht worden, wo ich mich vor meiner Audienz beim unumstrittenen Herrscher der Rockmusik noch etwas frischmachen konnte.

Obwohl Mercury die wohl schillerndste Persönlichkeit der Popszene darstellte, gegen ihn wirkte selbst Elton John wie ein scheues Mauerblümchen – wenn es darum ging, etwas über sich zu sagen, dann war er so offen wie eine geballte Faust; in seinen wenigen Interviews erwies er sich zwar als Meister geistreicher Bonmots, aber seine Seele zu offenbaren, daran war ihm nie sehr viel gelegen. Aber diesmal war es, aus welchen Gründen auch immer, ganz anders, und unser Interview wurde eines der intimsten, das je mit einem Popstar gemacht worden ist.

Der Sänger war mit einem weißen Trikot bekleidet. In der einen Hand hielt er einen Plastikbecher mit Champagner, und in der anderen eine Zigarette. Er wirkte entspannt und war bester Laune. Es war ihm anzusehen, daß er das Leben in vollen Zügen genoß. Vielsagend lehnte er sich nach vorne, in seinen braunen Augen spiegelte sich Freude und Ausgelassenheit wider, als er zu mir sagte: »Ausschweifungen sind Teil meiner Natur. Für mich ist Langeweile eine Krankheit. Ich brauche die Spannung und die Gefahr, kann nicht nur so in der Stube hocken und fernsehen. Außerdem ist meine Sexualität sehr ausgeprägt. Eigentlich könnte ich es dauernd machen. Früher bin ich auch mit jeder und jedem ins Bett gegangen, aber mittlerweile bin ich etwas wählerischer geworden.

Gern habe ich ungewöhnliche und interessante Leute um mich herum, weil man in ihrer Gegenwart förmlich aufblüht. Normale Menschen langweilen mich zu Tode. Spinner und kauzige Typen haben es mir angetan.

Von Natur aus bin ich nervös und äußerst leicht erregbar, einen guten Familienvater würde ich also nicht abgeben. Aber tief im Innern bin ich ein gefühlsbetonter Mensch, ein Mensch, der von einem Extrem ins andere fällt, und das wirkt sich oft verhängnisvoll sowohl für mich selbst als auch für andere aus.«

In diesem Interview bekannte sich Mercury also offen zu seiner wilden, zügellosen Seite – einer Seite, die ihn dazu veranlaßte, sich jeden Wunsch zu erfüllen, wie es ihm aufgrund seines Ruhms und Reichtums ja auch möglich war; einer Seite, die er sonst hinter sarkastischen Bemerkungen oder groben Beleidigungen verbarg. Im Privatleben war er genauso gefühlsgeladen wie bei seinen Auftritten, und an diesem Abend hatte er keine Angst, diese Tatsache einzugestehen.

Er stellte seinen Plastikbecher ab, und ein barbusiges Mädchen eilte herbei, um ihn wieder zu füllen. Gestenreich fuchtelte er mit seinen Manschetten in der Luft herum, er holte kaum Atem, und die Worte sprudelten nur so aus seinem Mund. »Wenn ich eine Beziehung eingehe, dann ist das nie etwas Halbherziges. Ich lege keinen Wert auf halbe Sachen oder Kompromisse. Zugeständnisse zu machen, kann ich einfach nicht ertragen. Ich gebe alles, was ich habe – denn so bin ich nun mal.«

Auf meine Frage nach den ausgeflipptesten Clubs und Diskos erschallte ein schrilles Gelächter. »Ich liebe die Clubs in New York. Ich weiß noch, ich wollte mal in einen Club, der hieß ›The Gilded Grape‹ (›Goldene Traube‹), da sollte mächtig was los sein, aber ein jeder riet mir von einem Besuch ab, oder zumindest sollte ich dafür sorgen, daß draußen ein schneller, kugelsicherer Wagen auf mich wartete. Doch weil mich halt alle Welt vor diesem Etablissement gewarnt hatte, ließ ich mich nun erst recht nicht von meinem Entschluß abbringen, hinzugehen.«

Irgendwie schaffte es Mercury, sich für diesen Abend eine Begleiterin zu angeln, von der man so etwas nicht unbedingt erwarten konnte – die siebenmalige Wimbledon-Siegerin Billie-Jean King. »Wir waren noch nicht lange da, und schon ging eine gewaltige Prügelei los, die an unserem Tisch endete. Mobiliar wurde zertrümmert, Fäuste flogen durch die Luft, und alles war voller Blut. Billie war wie versteinert, aber ich hatte meinen Spaß. Ich sagte ihr, sie solle sich keine Sorgen machen, nahm sie mitten in diesem Getümmel an die Hand und führte sie auf die Tanzfläche. Das war doch viel lustiger als ein gemütliches Abendessen im Hotel.

Man muß das Leben genießen. Glauben Sie mir, diese Philosophie würde ich auch dann vertreten, wenn ich keinen Erfolg hätte.«

Mercury unterbrach seinen Redeschwall jäh, als ich ihn fragte, ob er, der doch schon alles besaß, noch einen Wunsch hätte. Mit dramatischer Gestik schaute mich Mercury, der ewige Schauspieler, mit seinen sanften und ausdrucksvollen Augen an, legte eine Pause ein, die einem fast wie eine Ewigkeit vorkam, und sagte schließlich: »Glück. Ich glaube, das habe ich noch nicht gefunden.«

War er eben noch hochtrabend und anmaßend, so konnte er sich im nächsten Augenblick verletzlich und empfindsam zeigen. Auf der Bühne offenbarte Freddie Mercury die ganze Bandbreite seiner Gefühle, und das Publikum folgte ihm bedingungslos. David Bowie, selbst einer der ganz Großen des Showbusiness, formulierte es so: »Er war ein Star, der das Publikum fest im Griff hatte.« Was das Charisma seiner Shows betraf, so stand er konkurrenzlos da; die Auftritte seiner Band waren jedesmal lebendiges Musiktheater vom Feinsten.

Mercury sagte einmal: »Für mich ist es ein unvergleichliches Gefühl, vor einer riesigen, wogenden Menschenmenge zu agieren. Wenn ich von der Bühne gehe, bin ich so aufgedreht, daß ich Stunden brauche, um wieder zu mir selbst zu finden.« Und dem Publikum erging es nicht anders. Bei jedem Queens-Konzert arbeitete Mercury unermüdlich und leidenschaftlich, so lange, bis er das Gefühl hatte, auch den letzten Besucher in seinen Bann gezogen zu haben. Und dann war es ein großer Augenblick, wenn Tausende von Fans hin und her wogten und wie aus einer Kehle und voller Inbrunst ›Crazy Little Thing Called Love‹ oder ›Radio GaGa‹ mitsangen. Seine Auftritte hatten überall auf der Welt eine fast hypnotische Wirkung – obwohl Mercury das selbst lieber als gegenseitige ›Kommunikation‹ betrachtete.

In Rio sangen 350000 Zuschauer, vielleicht der größte Chor aller Zeiten, mit ihm voller Leidenschaft das bewegende ›Love Of My Life‹. In Montreal, wo der Sänger nur mit weißen Shorts und einem dazu passenden spitzen Hut über die Bühne wirbelte, tanzten sie ausgelassen zu ›Another One Bites The Dust‹.

Mercurys Auftritte waren voller dramatischer Gesten, und fast zur Groteske geriet seine Rockversion des großen Charakterdarstellers Sir Laurence Olivier. Theatralisch warf er seinen Kopf nach hinten, und breitbeinig mit majestätisch in die Hüften gestemmten Armen stand er da, inmitten des Spektakels. Oder er stolzierte wie ein Pfau, den man mit Kokain vollgestopft hatte, über die Bühne. Ein anderes Mal wieder fuchtelte er mit seinem Mikrofonständer wie mit einer Waffe herum, richtete ihn gen Himmel, schulterte ihn gleich dem unvergeßlichen James Dean wie ein Gewehr oder bearbeitete ihn wie besessen, als wäre er eine Stratocaster-Gitarre.

Eine wichtige Rolle spielte natürlich sein Äußeres, absolut einmalig in der Welt der Rockmusik – die seidenen Trikots mit ihren tiefausgeschnittenen Dekolletés, die seine behaarte Brust prächtig zur Geltung kommen ließen, die Pelzmäntel und Samthosen, die kurzen Bolero-Jäckchen, Strumpfhosen und Ballettschuhe. »Erlaubt ist, was gefällt«, meinte Mercury. »Was soll's, Nijinsky trug dereinst ein Kostüm aus feinster Gaze. Ich mache das nicht, um die Leute zu schockieren, es ist alles nur Theater. Ich mag schicke Klamotten.« Bei einem Gratiskonzert im September 1976 im Londoner Hyde Park fegte er vor 150000 Fans mit dickaufgetragenem schwarzem Nagellack über die Bühne. Dazu trug er einen glitzernden silbernen Overall mit einem bis zur Hüfte reichenden Schlitz. Im Februar 1977 glaubten die Zuschauer im New Yorker Madison Square Garden ihren Augen nicht trauen zu dürfen, als Mercury der Show mit einem Striptease-Finale die Krone aufsetzte; zu ›Hey Big Spender‹ ließ er bis auf ein Paar winzige gestreifte Shorts sämtliche Hüllen fallen.

Einige ihrer spektakulärsten Shows zeigte die Band in Südamerika, wo es ihr als erster Rockband gelungen war, den Kontinent sozusagen im Sturm zu erobern. Während einer Tournee, die sie im März 1981 nach Brasilien und Argentinien geführt hatte, wagten sie sich bei acht Freilichtkonzerten auf bis dahin unbekanntes Terrain und lieferten den mit Livemusik nicht gerade verwöhnten Fans eine königliche Vorstellung. In Argentinien glich das ganze Stadion einem Tollhaus, als Mercury in knappen Shorts auf die Bühne kam und im selben Moment neben dem Union Jack die argentinische Flagge gehißt wurde. Hinterher sagte er: »Es gilt als unanständig, wenn Männer kurze Hosen tragen, aber ich wollte ihnen etwas Besonderes bieten. Wenn ich so auf die Straße gegangen wäre, hätte man mich verhaftet.« Und das alles ungeachtet der politischen Unruhen damals in Argentinien und der Tatsache, daß jeder ein Merkblatt erhalten hatte, aus dem hervorging, was man während seines Aufenthalts im Lande tunlichst zu beachten habe.

Die Konzerte von Queen waren in jeder Hinsicht verschwenderisch, und daher war es nicht weiter verwunderlich, daß das Publikum in Argentinien aus dem

Staunen nicht mehr herauskam. »Wir hatten mal einen Film von einer argentinischen Band gesehen«, erinnerte sich Mercury, »die hatten nur ein paar Verstärker und vier Scheinwerfer. Und deshalb wollten wir ihnen zeigen, was man aus einer Show alles machen kann. Es sollte nicht nur für uns, sondern auch für sie eine Premiere sein.«

Der Band gelang es auch, 80000 ungarische Fans in einen Rausch zu versetzen, als sie 1986 als erste bekannte Rockband hinter dem Eisernen Vorhang auftrat und damit in die Geschichte einging. Westliche Künstler wurden damals noch mit Argwohn betrachtet, es war also ein gewaltiger Schritt sowohl für die Band als auch für das ungarische Publikum. Die Kartennachfrage war ungeheuer, hunderttausende von Fans aus dem gesamten Ostblock wollten die Queens live miterleben. In Budapest sangen Mercury und die Menge gemeinsam ein ungarisches Volkslied, ›Tavaski Szel‹. Freddie las dabei die Worte von seiner Handfläche ab, um nichts falsch zu machen. Die Zuschauer verstanden die Geste und schlossen ihn sofort in ihr Herz. Das Stadion brach in Jubel und tosenden Applaus aus. Einige Fans in den vordersten Reihen waren so weggetreten, daß sie von Hilfskräften mit einem Eimer voll Wasser abgekühlt werden mußten.

Denis O'Regan war bei dieser Tournee der offizielle Fotograf. »Ich habe sehr gern mit der Band zusammengearbeitet«, sagte er. »Sie hatten gern Spaß, waren aber sehr professionell. Und Freddie war natürlich einzigartig. Er konnte so wunderbar vornehm und majestätisch tun. Einmal waren wir in Deutschland und saßen alle in Freddies Zimmer. Wir waren gerade von einem Konzert gekommen und wollten im Fernsehen noch etwas Fußball sehen. Hinterher waren aber keine Wagen mehr da, und es herrschte allgemeine Ratlosigkeit und

Verwirrung, denn wir wollten unbedingt noch l300ziehen. Als ich Freddie fragte, ob irgend jemand endlich einen fahrbaren Untersatz gefunden hätte, sah er mich an und sagte würdevoll: ›Ja, haben wir, mein lieber Junge, ich glaube, wir reisen in einem Gefährt, das man Taxi nennt.‹«

Regan erinnert sich auch noch daran, wie Mercury es in Budapest geschafft hatte, die prächtige Präsidentensuite im allerersten Haus am Platze zu ergattern – sonst nur das Privileg von Staatsoberhäuptern und Monarchen. »Die Räumlichkeiten waren so riesig und so üppig ausgestattet, daß es den anderen Bandmitgliedern glatt die Sprache verschlug. Als sie staunend dastanden, sagte Freddie: ›Alle Suiten sind gleich, aber manche sind gleicher als andere‹, worauf Roger entgegnete: ›Also, die hier ist verdammt gleicher als meine.‹«

Queens ›Magic‹-Tour des Jahres 1986 war die wohl faszinierendste und ausgefeilteste der Band überhaupt. Über eine Million Menschen sahen die Queens im Laufe der Tournee, die sich über ganz Europa erstreckte, mehr als vierhunderttausend davon allein in Großbritannien. Die Tournee umfaßte insgesamt sechsundzwanzig Konzerte. Mercury zeigte sich von seiner majestätischsten Seite, mit allen Insignien eines englischen Monarchen protzend – so einer hermelinbesetzten, rubinroten Robe und einer Juwelenkrone. Queen-Designerin Diane Moseley berichtete, daß der Umhang zehn Kilo gewogen hatte. Vierzehn Meter roter Samt waren verarbeitet worden, mit Pelzen und Hermelinfellen besetzt, mit Goldfäden durchwirkt, und alles mit roter Seide eingefaßt. Moseley beschrieb das Ganze als ein ›napoleonisches Krönungsgewand‹, über dessen Preis die wildesten Spekulationen kursierten.

Bei einem Konzert in Mannheim im Jahre 1986 präsentierte sich Mercury fürwahr als König, dessen ergebene Untertanen jeder Laune gehorchten. Sein Zepter zum Taktstock umfunktioniert, dirigierte er 80 000 Fans, die mit heiseren Kehlen die englische Nationalhymne anstimmten. In England selbst sorgte er für noch spektakulärere Effekte. Im Wembley-Stadion lief Mercury, als Olympia-Athlet gewandet, zwei Treppen hinauf, um anschließend eine gigantische Fackel zu entzünden, während über der Arena überdimensionale, mit Helium gefüllte Gummipuppen schwebten.

Trotz ihrer außergewöhnlichen Live-Shows liefen die Tourneen der Band nicht immer wie geplant ab. Queens erster Trip durch die USA im Jahre 1974 mußte schon nach wenigen Konzerten abgeblasen werden, nachdem sich Brian May mit Hepatitis infiziert hatte. »Unsere Pläne wurden völlig über den Haufen geschmissen«, erinnert sich Brian. »Wir mußten die Tournee einen Monat früher als vorgesehen beenden, sind nach Hause geflogen, und ich kam ins Bett.« Auch der nächste Versuch, ein Jahr später, stand unter keinem glücklichen Stern. Diesmal machten Mercury seine Stimmbänder zu schaffen. (Mercury hatte oft Probleme mit seiner Stimme, da er sie bei jedem seiner Auftritte bis an die Grenze des Vertretbaren belastete.) Daraufhin mußten sieben Konzerte abgesagt werden, und erst nachdem er sich wieder erholt hatte, konnte die Band die Tournee fortsetzen.

Einige Shows waren von vornherein zum Scheitern verurteilt. 1982 mußten die Queens zwei geplante Veranstaltungen absagen – die eine im Fußballstadion von Manchester United, die andere im Finsbury Park, der Heimat des F. C. Arsenal –, der Grund waren Probleme mit den sanitären Anlagen, denn für den ersten Besuch von Johannes Paul II. in England waren offenbar alle verfügbaren transportablen Toiletten in *den* Städten aufgestellt worden, durch die die Reise des Papstes führen sollte, und infolgedessen gab es keine mehr.

Die Queens waren zwar eine höchst unpolitische Band, die im Gegensatz zu so vielen anderen Rockbands nicht versucht hat, irgendwelche revolutionären Parolen an den Mann zu bringen, aber mit einer Reihe von Konzerten in Südafrika im Jahr 1984 traten sie doch gewaltig ins politische Fettnäpfchen. Nach einem Auftritt in Sun City, einem Luxus-Ferienparadies in Botswana, Südafrikas Antwort auf Las Vegas, mußten sie sich böse Kritiken gefallen lassen. Mercury soll gesagt haben, daß »man dort 'ne Menge Geld machen könne«, und die Vereinten Nationen setzten Queen wegen Mißachtung des Kulturboykotts auf ihre schwarze Liste. Trotz ihrer Beteuerungen, sie wären entschieden gegen Apartheid und hätten nur versucht, Brücken zu schlagen, wurden sie von der britischen Musikergewerkschaft zeitweilig ausgeschlossen. Die Band ging gegen diese Entscheidung mit Erfolg in die Berufung und kam mit einem Bußgeld in Höhe von 2000 £ davon. Aber die Auftritte in Südafrika hatten bei vielen liberal eingestellten und idealistisch denkenden Fans einen bitteren Nachgeschmack hinterlassen, trotz der wiederholten Beteuerungen der Musiker, sie hätten sich nichts vorzuwerfen. Brian May wetterte später: »Die Kritik kam wieder einmal nur von außen, nicht aus Südafrika.« Aber auch die Tour selbst verlief nicht ohne Pannen. In Sun City waren siebentausend Besucher stinksauer, nachdem ein Konzert abgesagt worden war, weil Mercury seine Stimme verloren hatte.

Auch durch eigene Dummheit geriet die Band ins Kreuzfeuer der Kritik. Während der 1985er ›Rock in Rio‹-Show stolzierte Mercury vor den Augen von 325 000 Fans in voller Montur über die Bühne – mit aufblasbarem Busen, engen Frauenkleidern und einer Perücke. Als Mercury den Riesenhit der Queens aus dem Vorjahr, ›I Want To Break Free‹, anstimmte (das Video zeigte die Bandmitglieder in weibischen Posen als Transvestiten), da warf das Publikum mit Steinen nach ihm. Ein schockierter und verwirrter Mercury hatte nicht bedacht, daß die südamerikanischen Fans diesen Song mehr als alle anderen der Band liebten, weil sie in dessen Text einen unwiderstehlichen Ruf nach Freiheit sahen – einer Freiheit, für die sie unter einem brutalen und menschenfeindlichen Regime zu kämpfen versuchten. Erst als die Geschosse auf ihn herniederprasselten, begriff Mercury schnell, daß sein weibisches Gehabe die Leute wütend gemacht hatte. Er riß sich die Perücke vom Kopf, entledigte sich des künstlichen Busens – der rasanteste Striptease, den seine Fans je zu sehen bekamen –, und es gelang ihm augenblicklich, die aufgebrachte Menge zu besänftigen. Obwohl ihn der Vorfall sichtlich mitgenommen hatte, konnte er hinterher in seiner gewohnt zurückhaltenden Art schon wieder darüber lachen; er sagte, daß schon mal eine ›Queen‹ gesteinigt worden wäre – die Königin von Saba.

Bei den Queens ging es zu wie in einer Ehe, und wie in jeder Ehe gab es auch bei ihnen Streit und Reibereien, oftmals war sogar von Scheidung die Rede. Während ihrer gesamten Karriere mußten sie sich mit Gerüchten über eine angebliche Trennung herumschlagen, doch trotz aller Schwierigkeiten hielt die Band zusammen, bis der Tod Freddie Mercurys die Ehe nach zwanzig Jahren schied.

Es war noch nie eine problemlose Beziehung gewesen: alle vier Mitglieder der Band waren unabhängig, hatten ein starkes Selbstwertgefühl und wußten, was sie wollten. Konsequent ging jeder seinen Weg. Denn obwohl Mercury die auffallendste Figur der Queens war, gab sich keiner der anderen damit zufrieden, in den Hintergrund zu treten und ihm die Lorbeeren zu überlassen. Über alles gab es Streit – von den Gitarrenakkorden eines Songs bis hin zum Haarschnitt – und oft waren die Auseinandersetzungen so heiß wie ein brodelnder Geysir.

Mercury sagte einmal zu mir: »Ich bin ein sehr emotionaler Musiker, und mit mir ist nicht gut Kirschen essen. Das schafft viele Probleme innerhalb der Band. Manchmal geht das Temperament mit einem durch. Ich bin schwierig, und der kleinste Anlaß bringt mich auf die Palme. Aber ich bin auch ein Perfektionist, und bei unserer Musik geht es gar nicht anders, da muß man einer sein. Nur als der Zweitbeste zu agieren, hat mich nie interessiert. Die Queens sind zu großen Taten fähig, aber für große Taten braucht man großen Mut.« Und er fügte hinzu: »Es hat Zeiten gegeben, da konnten wir uns gegenseitig nicht ausstehen. Es hat Zeiten gegeben, da mußte ich einfach mal ein halbes Jahr abschalten. Zeiten, da fand ich alles festgefahren und erstarrt. Das Leben einer Rockband besteht darin, ins Studio zu gehen, ein Album zu machen, auf Tournee zu gehen und dann wieder von vorne anzufangen. Ich hatte genug und wollte einfach raus. Man darf sich nicht immer nur in den üblichen Bahnen bewegen, und wenn man das Gefühl hat, man steckt in einer Sackgasse, dann muß man versuchen, da auch wieder rauszukommen. Ich liebe unsere Musik leidenschaftlich, aber ich glaube, im Leben gibt es noch andere Dinge – manchmal möchte ich einkaufen oder in die Kneipe gehen und mich einfach amüsieren.«

Mercury zeigte sich nicht als einziger eigenwillig. Alle Bandmitglieder waren starke Charaktere, die ein Wörtchen mitreden wollten und durften in diesem millionenschweren Geschäftsimperium, das aus einer kleinen Band hervorgegangen war. »Eins unserer größten Probleme liegt darin, daß wir vier solch starke, unabhängige Persönlichkeiten sind«, sagte Mercury einmal. Und der einstige PR-Mann für den amerikanischen Markt, Bryn Bridenthal, bestätigte: »Es gab hitzige Augenblicke, aber das war ein Teil ihres Zaubers. Die Band bestand aus vier ganz unterschiedlichen Persönlichkeiten, und immer wenn solche Individualisten an einem gemeinsamen Projekt arbeiten, kommt es zu Meinungsverschiedenheiten. Aber ich glaube, das alles trug zu dem Gesamtbild, zum Erfolg bei. Ich glaube, die kleinen Reibereien, oder wie man es auch nennen mag, machten erst den Erfolg aus. Trotz allem waren sie immer gute Freunde und respektierten sich untereinander.«

Schon 1977, drei Jahre nach ihrem ersten Hitparadenerfolg (›Seven Seas Of Rhye‹) wurde offenbar, daß es sich bei den Queens um eine sehr temperamentvolle Band handelte, und Taylor räumte ein: »Unsere Meinungsverschiedenheiten beruhen teils auf unterschiedlichen musikalischen Vorstellungen, teils auf Ego-Problemen.« Dieser Druck verstärkte sich, als die Band immer erfolgreicher wurde, lange und kräftezehrende Tourneen unternahm und immer mehr Zeit im Aufnahmestudio verbrachte, um die jeweils letzte Platte abermals zu übertreffen. Ihr ständiges Streben nach Perfektion führte dazu, daß sogar bei der Auswahl der ›Greatest Hits‹ ein Streit vom Zaune brach, weil sie sich nicht einigen konnten, welche Songs das Album enthalten sollte und welche nicht.

Es gab Augenblicke, da hielt die Popwelt den Atem an und fragte sich, ob die ständigen Querelen nicht eines Tages mit einem lauten Knall enden würden. Mercury erklärte: »Die Gerüchte über eine angebliche Trennung der Band machen unaufhörlich die Runde. Einige Leute scheinen sich wohl zu wünschen, daß wir auseinandergehen. Weiß der Himmel warum. Gewiß, es gibt 'ne Menge Spannungen innerhalb der Band, und manchmal kommt es zu einem fürchterlichen Gewitter, aber hinterher ist die Luft rein. Es stimmt nicht, daß wir uns pausenlos in den Haaren liegen. Sicher, eine gewisse Spannung liegt immer in der Luft, und die führt oft zu Schwierigkeiten. Aber wenn wir uns dann wieder zusammengerauft haben, ist alles andere vergessen. Außerdem ist mir ein gelegentliches Donnerwetter tausendmal lieber als tagelang zu schmollen und nicht miteinander zu reden, das wirkt sich erst recht negativ aus. Die Auseinandersetzungen können heftig sein, aber zumindest schaffen sie Probleme aus dem Weg, und jeder von uns weiß, wo er steht.

Wir hassen uns nicht etwa. Wäre das der Fall, würde die Sache anders aussehen; umgekehrt wird ein Schuh draus. Wenn man überarbeitet ist, können einem leicht die Sicherungen durchbrennen. Es zehrt an den Kräften und an den Nerven, wenn man so hart arbeitet wie wir, dabei muß man ständig auf der Hut sein, damit die Dinge nicht eintönig werden. Zum Beispiel gab es mal eine Zeit, da schienen alle unsere Tourneen im Winter stattzufinden, und ich wollte damit Schluß machen. Ich dachte mir, verdammt noch mal, machen wir doch eine Sommer-Tournee. Laßt uns mal was anderes tun.«

May bestätigte: »Wenn es ganz schlimm kam, redeten wir kein einziges Wort miteinander. Das war ein echtes Problem. Eine Gruppe ist gewissermaßen wie eine Ehe, aber viel schwieriger. Man hat es nicht nur mit *einem* Partner zu tun, sondern gleich mit dreien, die alle etwas anderes wollen, die alle unterschiedliche Meinungen vertreten.«

John Deacon seinerseits erinnert sich, daß es hitzige

Debatten darüber gab, ob sein majestätischer Song ›Another One Bites The Dust‹ als Single herauskommen sollte. Letztendlich wurde er doch veröffentlicht und brachte es zu einem ihrer größten Hits. Über den Inhalt eines Albums kam es jedesmal zu Reibereien, zum Beispiel einigten sie sich erst kurz vor der Veröffentlichung von *The Works* auf die friedliche Lösung, daß das Album je drei Songs von Mercury und May und je zwei von Taylor und Deacon enthalten sollte.

In einem ausführlichen Interview mit dem angesehen *Rolling Stone*-Magazin gab der sonst eher zurückhaltende Bassist der Band, John Deacon, öffentlich zu, daß Mercurys auffallend vulgäres Image den anderen Bandmitgliedern oft ein Dorn im Auge gewesen war: »Einige von uns hassen seine Art, aber so ist Freddie nun mal, da kann man nichts machen. Bei einem Interview hat er z. B. Dinge gesagt wie: ›Wir stinken vor Geld, Schätzchen.‹«

Als Folge der ständigen Querelen häuften sich die Gerüchte über eine Trennung der Band. Sie erreichten ihren Höhepunkt, als Mercury in München sein erstes Soloalbum (*Mr. Bad Guy*, erschienen 1985) einspielte. Aber Mercury wies alle Gerüchte zurück und sagte, daß die Band lediglich eine Pause mache und die Zeit für verschiedene Soloprojekte genutzt werde: »Ich wollte mit Queen noch die unterschiedlichsten Musikstile ausprobieren, aber ich konnte es nicht. Nicht, daß Queen dazu nicht in der Lage wäre; wir haben es einfach nicht gemacht. Dieses Album gab mir die Möglichkeit, mit einem Live-Orchester zu arbeiten. Mit Queen wollte ich das schon immer mal machen, aber es wurde nie was draus, denn Brian ersetzt mit seiner Gitarre eben ein ganzes Orchester.«

Die Gerüchte über eine eventuelle Trennung bekamen neue Nahrung, als Mercury bekanntgab, er wäre mittlerweile zu alt für die strapaziösen Tourneen: »Ich glaube, ein 42 Jahre alter Mann sollte nicht mehr in Strumpfhosen über die Bühne hüpfen.« Als bekannt wurde, daß die Queens keine Tourneen mehr machen wollten – ihre letzte war die ›Magic Tour‹ des Jahres 1986 –, weiteten sich die Gerüchte aus, daß sich die Band hoffnungslos zerstritten hatte. Aber die Wahrheit war weitaus trauriger: Mercury war todkrank, und eine Tournee hätte Selbstmord bedeutet.

Tatsächlich hielt die ›Ehe‹ der Gruppe in gegenseitiger Treue bis zum Ende, und nur der Tod konnte sie scheiden. In einem Dokumentar-Video hatte Mercury einige Jahre zuvor gesagt: »Ich glaube, der Grund, warum wir so lange zusammengeblieben sind, ist der, daß keiner von uns aufgeben wollte. Wenn man aufgibt, ist man ein Feigling. Wir machen weiter. Solange die Leute unsere Musik kaufen, ist es o. k. Wenn sie unsere Platten nicht mehr hören wollen, werde ich meinen Hut nehmen und etwas anderes machen, vielleicht werde ich Stripper!« Aber die Schallplatten verkauften sich nach wie vor, die Fans waren treu, und Mercury blieb eine Karriere als Nackttänzer erspart.

Die Queen-Videos stellten zum größten Teil ein faszinierendes Spektakel dar, dessen Unterhaltungswert den fantastischen Live-Auftritten in nichts nachstand. Aber die Band hatte schließlich auch einen Ruf zu verteidigen: seit ihrem epochalen *Bohemian Rhapsody*-Film aus dem Jahre 1975 galten sie als die Pioniere des Pop-Video-Zeitalters.

Die Videos gaben der Band, und speziell Mercury, die Gelegenheit, den blühenden Fantasien auch visuell freien Lauf zu lassen. Dabei machten sie sich nichts daraus, sich selbst gnadenlos auf die Schippe zu nehmen. Mercury und die Band verhielten sich niemals wie An-

Mercurys Stil war einzigartig – auf der Bühne wie im Privatleben.
(Photo: S. I.)

geber, im Gegensatz zu so vielen Rockstars, wenn sich Ruhm und Reichtum einstellen.

Eines ihrer bemerkenswertesten Videos produzierten sie für John Deacons Song ›I Want To Break Free‹. Die vier sahen aus wie die Figuren aus Englands Dauerbrenner, der TV-Seifenopfer ›Coronation Street‹. Mercury hatte sich mal wieder riesige künstliche Brüste angelegt und den künstlich unförmigen Leib in einen pinkfarbenen Trainingsanzug gezwängt, ein schwarzer Minirock entblößte seine dürren Beine. Mit einem Staubsauger bewaffnet, stolzierte er in einem staubigen Wohnzimmer auf und ab, während Brian May faul auf einem Sofa lag, seine wilde Mähne unter Lockenwicklern versteckt.

In diesem 1984er Video, dessen Herstellungskosten mehr als 10000 £ betrugen, fiel Mercury von einem Extrem ins andere. In einer Szene erschien er als Nijinskys ›Faun‹* – mit langen bemalten Ohren und im Trikot. Für diese Szene, in der er auf einem Felsen posierte und Flöte spielte, mußte er sich sogar von seinem berühmten Schnurrbart trennen. Auch Mitglieder des königlichen Balletts machten bei dem Video mit und ließen den Sänger mit sinnlichen Ballettposen über ihre geschmeidigen Körper gleiten.

Wayne Eagling, der Choreograph von ›I Want To Break Free‹, hat Mercury als vollkommenen Profi in Erinnerung, wenn es um die Produktion von Videos ging: »Freddie hatte diese Vorstellung, Nijinskys ›Faun‹ neu zu erschaffen und auf die Bühne zu bringen, wobei er selbst auf einem Felsen sitzend Flöte spielen wollte. Wir mußten lange üben, besonders den Teil, wo er auf die anderen Tänzer hinabrollt, aber er war fest ent-

---

* L'Après-Midi d'un Faune (Ballett von Nijinsky und Debussy aus dem Jahre 1912. Anm. d. Übersetzers.)

schlossen. Die Arbeit mit ihm war sehr angenehm. In allem, was er anpackte, war er äußerst gewissenhaft. Zu den Proben kam er immer in Strumpfhosen. Er war durch und durch ein Profi.«

Bei allen Videos ging es Mercury darum, ein naturgetreues Abbild dessen zu erschaffen, was ihm vorschwebte; er wollte den Inhalt und die Aussage jedes einzelnen Songs genau wiedergeben. Manchmal hielt er es auch für angebracht, einfach das zu tun, was er am besten konnte, und zwar als schillernde Frontfigur der Band vor einem begeisterten Publikum aufzutreten. Für ihr 1986er Video *Friends Will Be Friends* zum Beispiel stellten die Queens mit Hilfe Tausender von Fans eine typische Konzertszene nach. Mercury stand etwa zehn Meter über der tosenden Menge auf einem mobilen Kran, der einen weißen Lichtstrahl auf das Meer von Gesichtern unter ihm warf. Das Video erreichte seinen Höhepunkt, als Mercury im weißen Overall auf die Bühne marschierte und den aus Tausenden von Kehlen bestehenden Chor dirigierte.

Gelegentlich verarbeiteten die Queens altes Archivmaterial, das mit Bühnenszenen zusammengeschnitten wurde. So enthielt *Radio GaGa* Kriegsszenen und Ausschnitte aus einem der Meilensteine der Filmgeschichte – *Metropolis* – zusammen mit Aufnahmen der Band. Es war schon eindrucksvoll, wie die Queens das Publikum aufforderten, zu den hypnotischen Klängen von ›Radio GaGa‹ die Arme emporzustrecken.

Wie bei den Plattenaufnahmen erwiesen sich Mercury und die Band auch bei der Herstellung ihrer Videos als Perfektionisten, ständig auf der Suche nach neuen Wegen. Mercurys Freund Dave Clark sagte: »Wenn man sich seine Videos ansieht, so fällt einem auf, daß sie genau den Inhalt der Songs widerspiegeln. Er wußte genau, was er wollte – jede Kleinigkeit, bis hin zum Ausleuchten einer Szene.« Die Queens wagten oft Experimente mit den verschiedensten visuellen Spielereien, zum Beispiel benutzten sie häufig Tricktechniken. Im 1986er Video *It's A Kind Of Magic* erschien Mercury als Magier mit wehendem schwarzem Umhang und Zylinder. Er zauberte nach Belieben Tänzerinnen hervor, um sie dann wieder verschwinden zu lassen. Die Verwendung visueller Tricks erreichte 1991 mit *Innuendo* ihren Höhepunkt, als die Bandmitglieder selbst als Trickfiguren dargestellt wurden. Wenn es um die Auswahl von Kulissen, Garderobe oder Requisiten ging, waren der Fantasie keine Grenzen gesetzt. Mercury liebte extravagante Mode, und seine Bühnenbilder hätten auch Theater, Oper oder Ballett zur Ehre gereicht. Alles war erlaubt, vorausgesetzt, es sprengte den normalen Rahmen.

Keine Kosten wurden 1984 für das Video *It's A Hard Life* gescheut. Es entstand in zweitägiger Arbeit in München, mit dabei war diesmal eine von Mercurys besten Freundinnen, Barbara Valentin. Der Sänger trug ein prächtiges scharlachrotes Kostüm, geschmückt mit Straußenfedern und riesigen Augen. Die mittelalterliche Kulisse war in zwei Tagen entworfen und fertiggestellt worden und glich einem Bankettsaal mit Marmorsäulen, Emporen und goldenem Gitterwerk. Roger Taylors Kommentar: »So etwas nennt man eine typische Queen-Produktion. Wir sind der Überzeugung, wenn eine Sache es wert ist, gemacht zu werden, dann ist sie es auch wert, *gut* gemacht zu werden.«

Die Band nutzte das Medium ›Video‹, um Mercurys außergewöhnliche theatralische Darbietungen und seine fantasievollen Kostüme wirkungsvoll zur Geltung zu bringen. Vor der Kamera trieb er seine Schauspielkunst bis an die Grenze des Kitsches, oft darüber hinaus, sei es in Frauenkleidern oder mit der Unterstützung klassisch ausgebildeter Tänzer und Tänzerinnen. Hinter der Kamera verschmolzen bei Mercury seine profunden Kenntnisse auf dem Gebiet des Graphik-Designs und sein ausgeprägter Sinn für das Visuelle, was Queen zu einem der Führer der Pop-Video-Szene gemacht hatte. »Wir hatten schon früher erkannt, daß es unterschiedliche Wege gibt, Platten zu verkaufen, und das Video ist zu einem festen Bestandteil unserer Musik geworden«, sagte Mercury. »Wenn man eine Single veröffentlicht, hat man ein Bild im Kopf, und Videos können dieses Bild lebendig machen. Außerdem kann die Gruppe nicht überall gleichzeitig sein, aber ein Video kann das.«

Elton John sah in Queen die unumschränkten Herrscher der Pop-Videos. Der BBC gegenüber äußerte er: »Queen war die erste Band, die mit Videos gearbeitet hat. In dieser und in vielerlei anderer Hinsicht waren sie äußerst innovativ. Sie steckten voller großartiger Ideen.« Mit *Bohemian Rhapsody* begann die Video-Revolution. Über diesen Werbefilm sagte Mercury später: »Das war unsere erste aufwendige Produktion, obwohl wir damals nicht viel Geld zur Verfügung hatten und alles selber machen mußten.«

Mit dem ständig wachsenden Erfolg investierten sie mehr und mehr Geld in kostspielige Video-Produktionen – auch wenn sich das nicht immer bezahlt machte. 1985 weigerte sich die CBS, bei der Mercurys Soloalbum erscheinen sollte, ein Video der Münchener Geburtstagsparty des Sängers zur Veröffentlichung freizugeben mit der Begründung, es sei »zu gefährlich«. Das Video zur Mercury-Single ›Living On My Own‹ kostete 30000 £ und zeigte Freunde des Rockstars in Frauenkleidern. Die Verantwortlichen der CBS fürchteten die Reaktionen der Öffentlichkeit im Hinblick auf eine derartige Zurschaustellung. Damals sagte ein CBS-

Sprecher: »Wir glauben, dieses Video könnte als Geschmacklosigkeit angesehen werden.«

Auch Queens *Body Language* (1982) wurde von zahlreichen Fernsehstationen mit einem Sendeverbot belegt, weil es als zu vulgär angesehen wurde. Für das stilvolle Video diente ein türkisches Bad als Kulisse, Mercury war ganz in Leder gekleidet, und eine Gruppe von Tänzern bewegte sich sinnlich um ihn herum. Mike Hodges erinnert sich: »Die Mitwirkenden wanden und krümmten sich zwar heftig, aber in meinen Augen war es eine eher harmlose Angelegenheit.«

Eines der aufwendigsten Videos der Band war *Who Wants To Live For Ever?*. Die Produktionskosten beliefen sich auf etwa 150000 £ und die Queens wurden vom National Philharmonic Orchestra und vierzig stimmgewaltigen Chorknaben unterstützt. Gedreht wurde in einem riesigen alten Tabaklager im Londoner East End. In seinem maßgeschneiderten Anzug mit weißem Seidenbinder machte Mercury einen gewohnt eleganten Eindruck. Eines der gewagtesten dagegen war ihr Video von 1989, *Breakthru*, für das sich die Band vorher vorsichtshalber für etwa zwei Millionen Pfund gegen schwere Verletzungen versichert hatte. Für das 200000 £-Video spielte die Gruppe live auf einem offenen D-Zug-Wagen, und das bei fast 100 km/h! Damals sagte ein Sprecher der Band: »Sie hielten es für ratsam, eine hohe Versicherungspolice abzuschließen denn die Dreharbeiten waren nicht gerade ungefährlich.« Das Video zeigte, wie gewissenhaft sie zu Werk gegangen waren, sogar die Kohlen hatte man liebevoll handbemalt.

Für ihr *Miracle*-Video probten sie mit Kindern, die den vieren in deren Schulzeit ähneln sollten. Der kleine Mercury stolzierte in seinem maßgeschneiderten schwarzweißen Trikot und schwarzem PVC-Jackett über die Bühne, und Freddie rief begeistert: »Die Ähnlichkeit ist geradezu beängstigend!«

Die schwere Krankheit hinderte Mercury nicht daran, weiterhin seine über alles geliebten Videos zu produzieren. Für den Begleitfilm zu ›I'm Going Slightly Mad‹ verbarg er sich unter einer langen schwarzen Perücke und dick aufgetragener Theaterschminke, um den Fans seinen Anblick, den eines Kranken, zu ersparen. Bei anderen, zum Beispiel *Innuendo*, trat er nicht in Erscheinung, während bei *The Show Must Go On* Tricktechnik und Archivmaterial zum Tragen kamen.

Das letzte ›richtige‹ Video, das Mercury gemacht hat, war *I'm Going Slightly Mad*, doch produzierten die Queen noch ein weiteres für das postum veröffentlichte *These Are The Days Of Our Lives*. Das Schwarzweiß-Video zeigt einen hohlwangigen, von der Krankheit gezeichneten Mercury, der kaum wahrnehmbar in die Kamera singt. Die Queens verzichteten diesmal auf visuelle Pyrotechniken, farbenprächtige Szenen und skandalöse Zurschaustellung. Im Gegensatz zu früheren Videos hatte dieses nichts Verschwenderisches, Bombastisches oder Frivoles an sich – aber es war sicher das bewegendste, das die Gruppe je gemacht hat.

Kapitel 5

ABENTEUER IN DEUTSCHLAND

Hinter den Kulissen in München

»Mit meinem Leben mache ich, was ich will.«

Freddie Mercury sah überwältigend aus: sein scharlachrotes, mit riesigen grünen Augen verziertes Catsuit war weit ausgeschnitten und offenbarte viel von seiner behaarten Brust. Er war mit den Vorbereitungen für seinen nächsten Auftritt beschäftigt, und immer wieder überprüfte er sein Äußeres im Spiegel, um ja nichts außer acht zu lassen. Perfekt. Aber trotzdem wurde er nicht Herr über das gewaltige Lampenfieber, das plötzlich seinen ganzen Körper lähmte. »Ich schaff's. Ich schaff's. Ich schaff's«, hämmerte er sich ein ums anderemal ein, um sich Mut für seinen Auftritt zu machen. Sein Lampenfieber wäre noch verständlich gewesen, wenn draußen Hunderttausende gewartet hätten, aber Mercurys Garderobe befand sich in einem Münchener Schlafzimmer, und der Anlaß war ein Kindergeburtstag mit etwa zwanzig Gästen.

»Es klingt unglaublich, aber es stimmt«, sagt Reinhold Mack, Münchener Produzent der Band. »Freddie konnte schrecklich schüchtern sein, und oft machte er sich fast in die Hose vor Angst, wenn er mit vielen Menschen in einem Raum war. Ich erinnere mich noch genau, als ihn in meinem Schlafzimmer das Lampenfieber überkam. Zur selben Zeit, als die Band Material für *Hot Space* aufnahm, hatte mein ältester Sohn gerade Geburtstag, und Freddie sagte, er würde in seinem Kostüm mit den leuchtenden Augen vorbeikommen, das wäre sicher eine Überraschung und ein unvergeßliches Erlebnis für die Kleinen. Er hielt auch Wort, obwohl mir klar war, was für eine Qual das für ihn werden würde. Als ich ins Schlafzimmer ging, um zu sehen, wie weit er mit seinen Vorbereitungen war, da stand er mitten im Raum und machte sich unaufhörlich Mut: ›Ich schaff's! Ich schaff's!‹, obwohl er gar nicht vorhatte, für die Kinder zu singen. Er wollte sich nur in diesem prachtvollen Kostüm präsentieren und mit ihnen plaudern. Es war einfach unglaublich. Ich wette, so einen Kindergeburtstag erlebt man nicht alle Tage.«

Dies war beileibe kein Einzelfall. Obwohl mit einer göttlichen Stimme gesegnet, war er manchmal sogar zum Singen zu schüchtern. Mack erinnert sich an eine Begebenheit in einer kleinen bayerischen Dorfkirche: »Bei der Taufe meines jüngsten Sohnes John Frederick (John Deacon und Freddie waren die Paten des Jungen) stand mein ältester Sohn Julian neben Freddie – und merkte, daß Freddie keinen Ton über die Lippen brachte. Julian konnte nicht verstehen, warum so ein weltberühmter Star, der mit seiner Stimme Tausende in seinen Bann zu ziehen vermochte, nicht mitsang. Er stieß ihm in die Seite und sagte: Komm schon, sing! Alle singen hier, und du bist doch Sänger. Aber Freddie konnte nicht. Das mutet seltsam an, weil die meisten Leute keine Vorstellung davon haben, was für ein bescheidener Mensch er war.«

Mercury und Mack hatten sich 1979 im Münchener ›Musicland‹-Studio kennengelernt, wo der legendäre Produzent Giorgio Moroder einige seiner größten Hits aufgenommen und den Begriff ›Disco‹ neu definiert hatte. Mercury war vom ersten Augenblick an von der Stadt fasziniert und verbrachte immer mehr Zeit dort.

Für zwei Jahre erklärte er sie sogar zu seiner Wahlheimat. In München lernte er auch einige seiner engsten Freunde kennen und erlebte dort insgesamt eine rundum lustige Zeit.

Wie New York, wo sich Mercury eine Wohnung gekauft hatte, war auch München ein Mekka der Homosexuellenkultur und Schwulen-Bars. Mercury liebte die lockere Atmosphäre und die Tatsache, daß er dort tun und lassen konnte, was er wollte, ohne ständig Kritik einstecken zu müssen. In München konnte er sich nach Herzenslust gehen lassen. Die Stadt besaß eine lebendige Schwulenszene, genannt das ›Bermuda-Dreieck‹, und Mercury war ein oft gesehener Gast in den diversen Clubs, sei es im ›New York‹, im ›Frisco‹ oder im ›Ochsengarten‹.

»Er kam sehr oft nach München«, erinnert sich Mack, »fast zwei Jahre lang hat er hier gelebt. Ich glaube, einer der Gründe, warum es ihm hier in München so gefallen hat, war die hiesige Schwulenszene, die weitaus offener und lockerer ist als in den meisten anderen Städten der Welt.

In den Bars ging es hoch her, es war viel mehr los als in den normalen Kneipen der Stadt. Sie waren frivol, laut und knackendvoll. Und nicht nur Schwule traf man dort an – auch normale Männer verkehrten dort, genauso wie Frauen. Freddie liebte ein buntes Gemisch von Leuten. Die reine Schwulenwelt war nichts für ihn.«

Freddie kam mit verschiedenen Kollegen und mit Leuten nach München, die für ihn unverzichtbar waren, darunter sein persönlicher Manager Paul Prenter sowie Peter Freestone und Joe Fannelli. »Phoebe (Peter Freestone) und Joe sind mitgekommen, um ihm das Leben so angenehm wie möglich zu gestalten«, sagte Mack. »Freddie hatte sie für den täglichen Kleinkram wie Kochen, Wäschewaschen usw. eingestellt, halt für alles, was so anfällt. Aber man hatte nie das Gefühl, daß sie sich als Angestellte fühlten. Sie waren im gleichen Maß Freddies gute Freunde.«

In München sollte sich die Band in musikalischer Hinsicht übrigens als sehr experimentierfreudig erweisen.

Trotz seiner zahlreichen homosexuellen Kontakte – München war ja in dieser Hinsicht ein Paradies – glauben viele seiner Freunde, daß er sein Schwulendasein als höchst unbefriedigend empfand. Mack glaubte, daß sich der Sänger eines Besseren besinnen und sogar heiraten und eine Familie gründen wollte. Dies war bestimmt kein unerfüllbarer Traum – schließlich hatte Mercury sieben Jahre lang mit Mary Austin zusammengelebt, und die beiden hatten zwischenzeitlich sogar schon Hochzeitspläne geschmiedet. Mack glaubte auch, daß Mercury gern eine eigene Familie gehabt hätte – ein Wunsch, der noch aus seiner Kindheit stammte, als er oft über längere Zeiträume hinweg von seinen Eltern getrennt war.

In unserem Interview sagte Mack: »Freddie meinte mehrfach: ›Vielleicht gebe ich eines Tages das Schwulsein auf.‹ Ich fand das gar nicht ungewöhnlich. Mit 24 oder 25 Jahren war er mehr oder weniger homosexuell geworden, davor war er das, was man im allgemeinen als ›normal‹ bezeichnet. Nichts war unmöglich bei ihm. Ich glaube schon, daß er sich hätte ändern können, denn er liebte auch Frauen. Ich habe gesehen, wie er sich in ihrer Gegenwart verhalten hat, und ganz bestimmt gehörte er nicht zu den Schwulen, die in ihrem Leben mit Frauen nichts zu tun haben wollen. Im Gegenteil.«

Immer wenn Mercury Reinhold Mack und dessen Frau und Kinder in ihrem Münchener Heim besuchte, wurde dem früheren Queen-Produzenten klar, wie sehr sich der Sänger nach einer Familie sehnte: »Freddie wünschte sich so sehr eine Familie und ein normales Leben. Vor etwa fünf Jahren hatte ich gewaltige Probleme, nachdem ich von meinem Buchhalter übel beschissen worden war und einen Haufen Steuern nachzahlen mußte. Eines Tages sprach ich mit Freddie darüber und sagte, ich würde mit alledem nicht fertig werden, und er antwortete: ›Verdammt, ist doch nur Geld! Warum sollte man sich deswegen graue Haare wachsen lassen? Du hast es geschafft, du hast alles, was du brauchst – eine wundervolle Familie und Kinder. Du hast alles, wovon ich nur träumen kann.‹ Da wurde mir klar, daß seine Besuche bei uns zu Hause ein gewisser Ersatz für sein fehlendes Familienleben waren, denn unsere Familie hängt sehr aneinander.

Ich bin wirklich überzeugt davon, daß Freddie sehr, sehr gerne ein Familie gehabt hätte. Er war ein sehr gefühlvoller Mensch. Seine enge Beziehung mit Mary hielt bis zum Ende. Vielleicht hat er sich schuldig gefühlt, weil er sie nicht geheiratet hatte. Auch wurden alle, die ihm nahestanden, von ihm mehr oder weniger wie Familienmitglieder behandelt.

So viel ich weiß, hatte Freddie in seiner Jugend kein trautes Familienglück genießen können. Meinen Zweitältesten, Felix, mochte er am liebsten, wahrscheinlich wegen dessen künstlerischer Veranlagung. Eines Tages hörte ich ein Gespräch zwischen beiden mit, als sie gemeinsam auf der Couch saßen. Freddie sagte zu Felix: ›All das hatte ich nie. Als Kind war ich oft getrennt von meinen Eltern, denn ich ging auf ein Internat. Manchmal habe ich sie monatelang nicht gesehen.‹

Er hatte ja auch eine recht schwere Kindheit, besonders als er in einem sehr schwierigen Alter nach London kam. Wenn man aus einem fremden, exotischen

Land kommt und darüber hinaus anders aussieht als die übrigen Kinder, wird es einem nicht leicht gemacht, und man ist dem Spott und der Schikane der anderen ausgesetzt, erst recht in einer Stadt wie London. Mit meinen Kindern sprach er oft über seine Kindheit, denn Freddie liebte Kinder. Sobald sie laufen und reden konnten, verstand er sich glänzend mit ihnen.«

In München verliebte sich Mercury in einen gutaussehenden deutschen Lokalbesitzer namens Winnie, der übrigens große Ähnlichkeit hatte mit Mercurys allerletztem Freund, Jim Hutton. Das Paar hatte sich in einer der zahlreichen Münchener Schwulenbars kennengelernt, und die Beziehung währte so lange wie Mercury in der bayerischen Metropole lebte. »Ich glaube, Freddie fühlte sich so hingezogen zu Winnie, weil der anfangs gar nicht wußte, wer Freddie war, und später war es ihm auch egal«, erinnert sich Mack. »Am Anfang zeigte er sich auch nicht sonderlich beeindruckt von Freddies unermeßlichem Reichtum. Als Freddie einmal erwähnte, daß draußen vor dem Club sein Chauffeur auf sie warten würde, erwiderte Winnie: ›Das ist mir scheißegal. Ich gehe zu Fuß, und wenn du mich magst, wirst du das auch tun.‹ Für Freddie war das eine Wohltat. Wie viele andere Showgrößen freute er sich, wenn jemand den Menschen in ihm liebte und nicht den Star.«

Mercury und Winnie, ein früherer Barkeeper, waren bis über beide Ohren ineinander verliebt. Daran änderten weder Freddies häufig wechselnde Bekanntschaften etwas, noch die Tatsache, daß es in den Münchener Bars nur so wimmelte von ›starken Trucker-Typen‹, für die Mercury schon immer eine Schwäche empfunden hatte. »Freddie sehnte sich nach einer ständigen Beziehung«, erinnert sich Mack, »aber wenn er keine hatte, dann wechselte er häufig seine Partner. War er aber fest gebunden, benahm er sich ›normaler‹ als ein normaler Mensch. Freddie war sehr häuslich. Ich erinnere mich, wie Freddie half, die Stühle in Winnies Restaurant hochzustellen und wie er mit dem Staubsauger den ganzen Laden tipptopp sauber gemacht hat. Er gab ganz offen zu, daß er in seinen eigenen vier Wänden ein langweiliger Mensch sei. Dabei war Freddie natürlich niemals langweilig, er meinte damit nur, daß er ein häuslicher Typ wäre. Er kümmerte sich um die Bilder in einem Zimmer, ob sie gerade hingen, und um die Blumen im Garten. Er war eben sehr häuslich. Und wenn er in München war, machte er sich gern auf die Suche nach Kunstgegenständen und Antiquitäten, um sein Haus noch schöner zu gestalten. Meine Frau begleitete ihn dabei, und er erwarb hier allerhand Gemälde und Porzellan.

Freddie verliebte sich auch gerne. Er war sowieso ein schneller Songschreiber und Komponist, aber wenn er sich verliebt hatte, dann ging es ihm noch flotter von der Hand. War er niedergeschlagen, schrieb er gar nichts, und infolgedessen gibt es keine traurigen oder bedrückten Songs von Queen. Auch seine bewegenden Balladen waren nicht deprimierend, und obwohl viel geredet worden ist über die unter die Haut gehenden Worte in ›The Show Must Go On‹, so ist auch das meines Erachtens ein positives und optimistisches Lied.«

Über Freddies Veranlagung sagte Mack: »Freddie gehörte nicht zu denen, die ihr Sexualleben an die große Glocke hängen. Er war in sich gekehrt, aber in dieser Beziehung auch gleichzeitig ganz offen. Die Männer, die es ihm am meisten angetan hatten, waren die starken Arbeitertypen. Ich weiß nicht warum. Einmal sagte ich zu ihm: ›Du solltest dir jemanden suchen, der etwas mehr deiner Klasse entspricht, aber doch keinen Maurer.‹ Offenbar war er da anderer Meinung.

Im Gegensatz zu vielen Homosexuellen trug er seine Veranlagung nicht öffentlich zur Schau. In Gegenwart anderer nahm er immer Rücksicht auf deren Gefühle. Dafür zollte ich ihm Respekt. Wenn er zum Beispiel in ein Restaurant ging, benahm er sich stets diskret und zurückhaltend. Es lag ihm immer viel daran, niemanden zu beleidigen.«

Als die Beziehung mit Winnie zu Ende ging, verliebte sich Mercury in den ehemaligen Friseur Jim Hutton. »Winnie war fürchterlich eifersüchtig auf Jim und machte einige schlimme Sachen, über die Freddie sehr böse war«, erinnert sich Mack. »So hatte Freddie seinem Freund Winnie einen herrlichen Mercedes geschenkt, und Winnie hat ihn einfach verkauft. Auch das wunderschöne Klavier, das Freddie in der Wohnung stehen hatte, hat er zu Geld gemacht.« Mercury empfand derartige Handlungen als Verrat, und als er sich entschloß, München zu verlassen und wieder nach London zu ziehen, ließ er Winnie einfach zurück. Mit Jim, seinem letzten Freund, bezog er seinen ›Palast‹ in Kensington, im Südwesten Londons, dessen Umbau- und Renovierungsarbeiten fünf Jahre in Anspruch genommen hatten.

Mercurys ehemaliger persönlicher Manager, Paul Prenter, war ein wichtiger Teil der Münchener Szene. Neun Jahre lang hatte er für Mercury gearbeitet, und nach ihrer Trennung verkaufte er die Story über sein Leben mit dem Sänger an eine Zeitung. »Ich kam gut mit Paul aus, aber er war eine zwielichtige Gestalt«, sagte Mack. »Auf allen Gebieten nutzte er Freddie nur aus – vom Geld angefangen bis hin zu Drogen. Er nahm sich einfach ein Gramm Kokain in der Hoffnung, Freddie würde nichts merken, und Freddie merkte auch nie etwas. Einmal behauptete er, er wäre auf der Straße überfallen worden, zweitausend Dollar hätte man ihm gestohlen. Das war alles sehr verdächtig, denn niemand sonst wurde hier überfallen oder verlor Geld; es traf immer nur ihn. Ich glaube, Paul wollte sich ständig ins Rampenlicht setzen, so als würde er dauernd versuchen, Freddie in den Schatten zu stellen. Aber am Ende ging er zu weit und verlor die Kontrolle über sich.«

Mack gehörte zu dem erlauchten Kreis derer, die in den Genuß der aufwendigen Partys von Mercury kamen, besonders wenn dieser seinen Geburtstag feierte. Altersmäßig lagen die beiden nur zehn Tage auseinander. »Ich liebte seine Partys«, sagte Mack. »Meine Frau lieferte die Dekorations-Ideen zu seiner Schwarzweiß-Geburtstagsfeier, und dabei gab es viel zu lachen. Alle Männer mußten sich Frauenkleider anziehen. Ich wußte, daß Freddie ein Freund des Balletts war, also zwängte ich mich in ein Tutu. Unvergeßlich war auch die Hut-Party in Kensington, obwohl sich Freddie nicht entscheiden konnte, welchen Hut er aufsetzen sollte. Er hatte sich etwa zehn verschiedene anfertigen lassen, darunter einen riesigen Zylinder, dessen Deckel sich öffnete, wenn man an einem Faden zog – heraus sprang dann ein gewaltiger Penis! Ein anderer bestand aus einem großen Fruchtkorb. Letzten Endes ging Freddie dann ohne Hut, weil er keinen der Designer vor den Kopf stoßen wollte, indem er einen dem anderen vorzog.«

Kennengelernt hatten sich Mercury und Mack in den Münchener ›Musicland‹-Studios, die von Mack zusammen mit Giorgio Moroder gegründet worden waren. Zahlreiche Popstars hatten dort schon ihre Platten aufgenommen, darunter die Rolling Stones, Deep Purple und Marc Bolan, und Queen wollte es auch mal ausprobieren. Zum Teil auch aus steuerlichen Gründen hatten sie sich dazu entschlossen, für Aufnahmen ins Ausland zu gehen, und München schien ihnen der ideale Ort zu sein.

»Wir kamen ganz zufällig zusammen«, sagte der Produzent. »Die Band war nach München gekommen, und ich erhielt eine geheimnisvolle Nachricht, daß ich mich einfinden solle, es gäbe Arbeit. Ich weiß gar nicht mehr, wo ich damals gerade war, jedenfalls rief ich von auswärts an, aber niemand schien etwas von den Aufnahmeabsichten zu wissen. Also setzte ich mich in das nächste Flugzeug nach München und traf einige Minuten vor Freddie im Studio ein. Er war einer der ersten, und er sagte: ›Was wollen Sie hier!‹ Ich antwortete: ›Ich soll hier die Aufnahmen überwachen.‹ Freddie erklärte, er hätte nicht gewußt, daß ich zur Verfügung stünde, aber er freue sich, mich zu sehen, und wenn ich wollte, könnten wir uns gleich an die Arbeit machen. Gesagt, getan – und heraus kam dabei ›Crazy Little Thing Called Love‹. Es war das erste Mal, daß Freddie Rhythmusgitarre spielte und er meinte: ›Ich kann nicht Gitarre spielen, aber was soll's!‹ Ich glaube, Freddie wollte zur Abwechslung deswegen mal selbst spielen, weil er den Song möglichst vom Tisch haben wollte, bevor Brian mit seinen Gitarrensolos aufkreuzte. Außerdem war er auf der Suche nach einem anderen Sound. Ich legte noch ein paar ›Rock and Roll‹-Echos drüber, und es hörte sich toll an.«

Mack war beeindruckt von der ungeheuren Schnelligkeit, mit der Mercury arbeitete. Die ›Rock and Roll‹-Parodie war in sechs Stunden fertig, wurde aber ein weltweiter Hit und erreichte Platz zwei in den britischen Charts. »Freddie war erstaunlich schnell. In zwanzig Minuten konnte er einen Song schreiben«, meinte Mack. »Ich dachte, ›Crazy Little Thing‹ hätte er schon vorher irgendwie im Kopf gehabt, aber dann

Queens Hitsingle »Radio GaGa« erreichte Platz zwei in den britischen Charts. *(Photo: S. I.)*

»LIVE AID«: Das Konzert, das die Welt wachrüttelte, spielte nahezu 150 Millionen Mark ein und machte Freddie und Queen zu absoluten Mega-Stars. *(Photo: S. I.)*

Glorreich – König Frederick, Herrscher über sein ergebenes Publikum. *(Photo: S. I.)*

schien er es nebenbei ganz einfach aus dem Ärmel zu schütteln. Es war fantastisch.

Ich kam außergewöhnlich gut aus mit Freddie. Mir machte es Spaß, mit einem Genie zu arbeiten. Er besaß ein ausgeprägtes Gefühl für Musik und wußte jeden Song treffsicher in Szene zu setzen. Aber es war nicht nur sein musikalisches Talent, das mich faszinierte. Schon recht bald erkannte ich, was für ein wunderbarer Mensch er war, so empfindsam. Mein Leben, meine Kinder und meine Familie lagen ihm sehr am Herzen, und ich weiß, seine Gefühle waren echt.«

Mack eröffnete dem Sound von Queen neue Dimensionen, indem er ihn perfekt dem damaligen Musikgeschmack anpaßte; er und die Gruppe zauberten fantastische Klänge hervor. Einer der besten ›Dance floor‹-Hits aller Zeiten ist ›Another One Bites The Dust‹: »Ich kann wohl sagen, daß ohne mich ›Another One...‹ nicht existieren würde. Als kein anderer in der Nähe war, um dem Ganzen etwas Pfeffer zu verleihen, habe ich einfach ein paar verrückte Geräusche drübergelegt. Ich glaube übrigens nicht, daß die Queens mit fest umrissenen Vorstellungen nach München gekommen waren. Eher bin ich der Meinung, daß sich alles erst bei der gemeinsamen Arbeit im Studio ergeben hat.«

Mercurys Begeisterung für eine Sache war nie von langer Dauer, und wenn sich die Dinge hinschleppten, verlor er schnell das Interesse daran: »Wenn sich etwas als mühsam und langweilig entpuppte, hörte er auf. Länger als anderthalb Stunden konnte er sich nicht konzentrieren. Bei ›Killer Queen‹ merkt man, daß er sich einfach ans Klavier gesetzt und die Sache durchgezogen hat, denn das Ende wirkt etwas unfertig. Ich glaube, das war ganz typisch für Freddie; er hielt sich nie lange mit einer Sache auf, sondern war ständig auf der Suche nach etwas Neuem und Andersartigem.«

Nachdem sich Mercury in einem Münchener Nacht-
club einen Sehnenriß zugezogen hatte, mußte er sechs
Wochen lang einen Gehgips tragen. Berichte, nach denen Mercury in eine Kneipenschlägerei verwickelt gewesen sein sollte, waren nach Angaben Macks vollkommen aus der Luft gegriffen: »Es gab keine Prügelei.
Die Leute haben rumgealbert, und jemand wollte ganz
besonders witzig sein und hat ihm in die Kniekehle getreten. Das geschah in dem Moment, als Freddie einen
seiner Freunde umarmte; als er ihn hochhob, kam jemand von hinten, und schon war's passiert. Am nächsten Morgen rief er mich in aller Herrgottsfrühe an, und
ich wußte sofort, da stimmt was nicht, denn normalerweise hat er nie vor zwölf angerufen. Er war ein Nacht-
mensch. Ich brachte ihn ins Krankenhaus, und fast
zwei Monate lang mußte er mit einem Gips durch die
Gegend humpeln.«

Aber auch die Verletzung konnte ihn nicht von seiner Arbeit abhalten, und sein Sinn für Humor blieb ihm
treu – genau wie Jahre später, als er mit einer weitaus
ernsteren Krankheit zu kämpfen hatte. »Fast täglich
holte ich ihn von seiner Wohnung ab, brachte ihn zum
Wagen, setzte ihn rein und fuhr ihn ins Studio«, erinnerte sich Mack. »Ich glaube, er war sehr dankbar, daß
ich nicht den Vorschlag gemacht habe, die Arbeit zu
unterbrechen, denn das hätte er nicht verkraftet. Freddie mußte immer aktiv sein. Er langweilte sich sonst.
Aber auch mit diesem Gipsbein blieb er der Spaßvogel,
der er immer gewesen war. Als er sich dermaßen ge-
handikapt ans Klavier setzte, erwies sich dieses Unter-
fangen als schwierig, und er sagte zu mir: ›Mit diesem
verdammten Gips reiche ich nicht gleichzeitig an die
Tasten und die Pedale. Also, was von beiden soll ich
nehmen?‹«

Mercury war ein Meister auf dem Piano. »Ich spiele

zwar schon viel länger Klavier als Freddie«, meinte Mack, »aber zwischen uns lagen Welten. Er konnte alles spielen und schüttelte die Melodien nur so aus dem Ärmel. Sein eigener Musikgeschmack war sehr mannigfaltig. Ihm gefiel vieles, von Aretha Franklin, seiner Lieblingssängerin, über Disco bis hin zur klassischen Musik. Aber andächtig ein ganzes Konzert oder Opernwerk durchzustehen, wäre zu viel für ihn gewesen – er wollte nur die besten Happen.«

Mack kannte Freddie seit den ersten Aufnahmen in München 1979. Obwohl viele Songs voller Gefühl und Leidenschaft waren, hatte Mack das Gefühl, daß Mercury stets darauf bedacht war, in seinen Liedern nicht zu viel vom Menschen Freddie Mercury zu offenbaren. »Ich glaube, es steckten immer ein paar verborgene persönliche Gefühle in seinen Texten, aber die waren schwer herauszulesen, weil er nichts davon hielt, über persönliche oder politische Themen zu schreiben. Was seine Songs anging, so war er im Grunde recht bescheiden, aber er wußte, wann er einen guten geschrieben hatte. Das nenne ich genial. Man setzt sich hin, schreibt etwas, und es ist toll. Man stellt es nicht in Frage oder analysiert es. Oft sagte er zu mir: ›Was hältst du davon!‹, und ich antwortete: ›Das ist sehr gut‹, woraufhin er hier und da ein paar Akkorde veränderte. Dann lächelte er mich an und sagte: ›Jetzt ist es besser, wie?‹«

In München produzierte Mercury sein erstes Soloalbum *Mr. Bad Guy*, ebenfalls mit Mack am Mischpult. »Die Arbeit an dieser Platte verlief ganz anders als in der Vergangenheit, denn es fehlte ja die Band. Freddie war mit dem Ergebnis sehr zufrieden. Er sagte zu meiner Frau, das nächste Album könne ich ganz alleine machen, er würde dann nur noch vorbeikommen und den Gesang aufnehmen. *Mr. Bad Guy* soll bald wieder veröffentlicht werden. Damals jedoch war dem Album kein großer Erfolg beschieden, weil die Queen-Fans nicht bereit waren, diese Art von Musik zu akzeptieren. Mercury war seiner Zeit eben weit voraus.«

Für Mack war es keine Überraschung, als Mercurys Entschluß feststand, München zu verlassen: »Sein herrliches Haus in Kensington war endlich fertig, und er entschloß sich, dort hinzuziehen. Aber ich glaube nicht, daß er damals schon wußte, wie krank er war. Das geschah etwas später. Ich glaube, es war im nächsten Jahr, 1986. Auf Ibiza 1987 hatte er diese Flecken im Gesicht, und ich war etwas in Sorge und fragte ihn, was das wäre. Aber er lachte nur und ließ mich im Ungewissen. Er wollte kein Mitgefühl und glaubte wohl, er könne gegen die Krankheit ankämpfen, denn er verfügte über riesige Kraftreserven und eine erstaunliche Willenskraft. Wenn er sich etwas in den Kopf gesetzt hatte, führte er es auch zu Ende. An einem Tag konnte er sich mit Koks die Birne vollknallen, am nächsten rührte er das Zeug nicht an. Er brauchte es einfach nicht. Freddie hatte sich stets unter Kontrolle. Ich glaube, er war der Überzeugung, er könne seine Krankheit besiegen, andernfalls hätte er nicht so tapfer kämpfen und so lange durchhalten können.«

Trotz seines angegriffenen Gesundheitszustandes arbeitete Mercury weiter und dachte über neue Projekte nach. »Ich glaube, ein großes Orchesterwerk hat ihm vorgeschwebt, aber er kam nicht mehr dazu«, sagte Mack. »Er verknüpfte gern unterschiedliche Vorstellungen miteinander. Seine Zusammenarbeit mit Montserrat Caballé war interessant, aber ich glaube, Montserrats Stimme ergänzte sich in keiner Weise mit der Freddies. Als Opernsängerin traf sie natürlich jede Note, aber darin liegt nun mal nicht der Sinn der Rockmusik.«

Mack ist nicht der Meinung, daß in den Tresorkammern noch haufenweise verborgene Queen-Schätze lagern, so wie uns das einige Berichte weismachen wollen: »Das Material reicht vielleicht noch für ein, zwei Alben – mehr nicht. Die meisten Songs, die bei den Sessions aufgenommen worden waren, wurden auch veröffentlicht.

Nach *Barcelona* hatte Freddie keine Kraft mehr. Soweit ich weiß, kam er nur noch ein, zweimal pro Woche für einige Stunden ins Studio. An *Innuendo* habe ich nicht mitgearbeitet. Ich mußte nach Amerika, aber danach hatte ich mit Freddie gesprochen und meine Hilfe angeboten. Er sagte nur: ›Nein, David Richards macht das, und außerdem würde es dir viel zu lange dauern.‹ Über die Arbeiten hielt er mich jedoch ständig auf dem laufenden und scherzte: ›Du kannst von Glück sagen, daß der Kelch an dir vorübergegangen ist. Nach einem Jahr haben wir immer noch nichts zustande gebracht. Die Sache zieht sich fürchterlich hin.‹ Er war wirklich nicht allzu glücklich darüber, wie sich die Dinge entwickelten. Heute weiß ich, warum: Er konnte einfach nicht mehr, es ging dem Ende zu, und seine Kräfte nahmen rapide ab. Stellen Sie sich das vor – von einen Tag zum andern sind Sie nicht mehr in der Lage, die einfachsten Handgriffe zu erledigen.«

Mack und Mercury sprachen im Juli, vier Monate vor Freddies Tod, zum letzten Mal miteinander. »Selbst da war er guter Laune«, sagte Mack. »Als ich ihn fragte, wie es ihm gehe, meinte er, er fühle sich nicht schlecht, und es hätte ja auch keinen Sinn, mit dem Schicksal zu hadern. Am Ende mochte er niemanden mehr sehen, sicherlich weil er wollte, daß man ihn so in Erinnerung behält, wie er war, gesund und unternehmungslustig, und nicht als bettlägerigen

Krüppel. Freddie empfand keine Schuldgefühle, er bereute nichts, was er in seinem Leben getan hatte. Und ich glaube, daß er sich schließlich seinem Schicksal unglaublich tapfer ergeben hat.«

Kapitel 6

SAUS UND BRAUS

Das Leben der oberen Zehntausend

*»Langeweile ist die schlimmste
Krankheit der Welt, Darling.«*

Mercurys Partys waren wohl einmalig in der Popwelt.
In einem Geschäft, in dem heiße Feten an der Tagesordnung sind – der Anlaß kann noch so banal sein – genossen seine Partys einen legendären Ruf, und für jeden,
der mal dabei gewesen ist, stellen sie ein unvergeßliches Erlebnis dar.

Ich war Gast bei vier Mercury-Partys – in Montreux,
in München und zweimal in London. Die beste, und
überhaupt eine der tollsten, die ich in der Popwelt miterleben durfte, stieg im Juli 1986 im Londoner Roof Gardens Club, ganz in der Nähe von Freddies Villa in Kensington. Die Queens feierten ein erfolgreiches Konzert
im Londoner Wembley-Stadion.

Die Party bot einfach alles – Stars, Sex und Skandale.
Der Gardens Club befindet sich in der obersten Etage
des achtstöckigen Gebäudes, aber schon unten in der
Empfangshalle bekam man einen Vorgeschmack davon, was einen alles erwarten würde. Als ›Fahrstuhl-
führer‹ fungierten nackte Mädchen, deren üppige Run-
dungen mit weißer Farbe bemalt waren. Oben erwarteten einen weitere buntbemalte Schönheiten, die sich
mit Champagner und Appetithäppchen unter die ele-
gant gekleideten Gäste gemischt hatten. Überall sah

87

man hinreißende, leicht geschürzte Körper, selbst in den Waschräumen. Auf der Damentoilette wurden die weiblichen Gäste von einem nur mit Lederstrapsen und Ketten bekleideten blonden Jüngling begrüßt, während die Herren von einem verführerisch gewandeten ›Au pair‹-Mädchen, das obendrein noch eine ›Massage‹ anbot, in Empfang genommen wurden.

Selbst hartgestottene Partygänger, denen man schon allerhand bieten mußte, um sie zu beeindrucken, waren von dem Spektakel fasziniert und redeten noch lange darüber. Die Fotografen stritten sich um die besten Plätze, um Schnappschüsse von den nackten Mädchen zu erhaschen, die sich mit ihren Tabletts grazil durch die Reihen der prominenten Gäste bewegten. Die Gästeliste war bunt zusammengewürfelt, so ganz nach Freddies Geschmack. Berühmtheiten hatten es natürlich leichter, eine Einladung zu bekommen, aber auch bizarre, extravagante Typen konnten sich gute Chancen ausrechnen, dabei sein zu dürfen. Außer dem Rest der Band waren erschienen der gottesfürchtige Popstar Cliff Richard, die Rockgruppe Spandau Ballet, Duran Durans Synthesizer-Spezialist Nick Rhodes mit seiner Frau, Model Julie-Anne, MTV's Paul King, Limahl, Fernsehstar Anita Dobson (›Eastenders‹) und die 80er Antwort auf die Sex Pistols – Sigue, Sigue Sputnik.

Die Party kostete 50000 £ und dauerte bis in den frühen Morgen. Angefangen hatte sie Samstag abend um elf, und die letzten Gäste gingen erst am nächsten Morgen gegen fünf Uhr.

Die buntbemalten Schönheiten waren das Werk des deutschen Avantgarde-Künstlers Bernd Bauer. Für jedes Mädchen brauchte er etwa fünf Stunden, und jedes Model erhielt eine Gage von 100 £, um sich den Gästen zu präsentieren. Als die Party ihren Höhepunkt erreicht hatte, erzählte mir Tracey Hicks, eines der Mädchen: »Es war ein wunderbares Gefühl, so als wäre ich ein Kunstwerk.« Lächelnd beobachtete Mercury die Mädchen. Aber es war ihm nicht daran gelegen, bei seinen Partys nur den stillen Beobachter zu spielen, er wollte im Mittelpunkt stehen. Einer der Höhepunkte der Party war erreicht, als sich der schnurrbärtige Star zusammen mit dem ehemaligen Nacktmodell Samantha Fox auf eine behelfsmäßige Bühne schwang, um seine verblüfften Gäste mit einer improvisierten Vorstellung zu beglücken. Das Paar gab ein paar Rock-Klassiker zum Besten, darunter Little Richards unvergeßliches »Tutti Frutti«, bei dem Mercury die vollbusige Sängerin fest in seinen Armen hielt und sich aufreizend in den Hüften wiegte. Hinterher sagte er zu mir: »Wir wollten, daß alle ihren Spaß haben, und den hatten sie mit Sicherheit.« Er gab gerne Partys, weil er überzeugt davon war, sie würden Frohsinn und Heiterkeit verbreiten.

Jede von Mercurys Partys glich einem exotischen Karneval. Seinen 39. Geburtstag feierte er in München, und das Spektakel war ihm erneut 50000 £ wert. Alle männlichen Gäste mußten in Frauenkleidern erscheinen, aber Mercury schoß mit seinem bizarren Aufzug mal wieder den Vogel ab – er trug eine mit Verdienstorden übersäte bayerische Uniformjacke und als Kontrast dazu neckische Harlekinhöschen. Mercury ließ das Ereignis auch filmen und beabsichtigte, das Material für das Video seiner vierten Solo-Single ›Living On My Own‹ zu verwenden. Für einige wichtige Firmenbosse und Manager im Showgeschäft wäre dieses ›Home Video‹ allerdings eine äußerst peinliche Angelegenheit geworden, und so wurde die Idee am Ende (leider) wieder verworfen. Ein Sprecher meinte, Mercurys Plattenfirma hätte sich dazu entschlossen, das Video nicht zur Veröffentlichung freizugeben, weil es zahlreiche Mitwirkende beleidigen könnte.

Mercury selbst meinte zu seiner Fete, zu der er dreihundert enge Freunde geladen hatte: »Es war eine tolle Sache. Ich mußte etwas Spektakuläres auf die Beine stellen, um mit dem Gedanken fertig zu werden, bald vierzig zu sein! Es war toll, wie alle mitgemacht haben.«

Auch zur Veröffentlichung des Queen-Albums *A Day At The Races* ließ Mercury die Puppen tanzen. Auf der Galopprennbahn von Kempton war ein riesiges Besucherzelt errichtet worden, die Gäste konnten so viel essen und trinken, wie sie wollten, und nebenbei noch ein Pferderennen verfolgen.

Ein wichtiger Bestandteil von Mercurys Partys waren auch die Sex-Einlagen. In New Orleans vollführten Stripperinnen das virtuose Kunststück, mit Hilfe gewisser Körperteile ihres Unterleibs brennende Zigaretten zu rauchen! Diese Party, bei der Mercury – gefolgt von zwölf schwarzen Musikanten – provokativ hereinmarschiert kam, wies auch transsexuelle Züge auf. Die Gäste rieben sich verwundert die Augen, als sich die vollbusigen Blondinen, die sich unter dem Jubel der Anwesenden ihrer spärlichen Kostüme entledigt hatten, als gutbestückte Männer herausstellten.

Ein andermal tanzte eine nackte Frau mit einer lebenden Schlange, und in Montreux rissen sich zwei Stripperinnen vor den Augen der sprachlosen Gäste die Kleider vom Leibe; Schauplatz war hier eine mondäne Jacht, mitten auf einem der malerischen Schweizer Seen. Zur Veröffentlichung des *Jazz*-Albums ließen Mercury und die Band fünfzig fast nackte Mädchen um das Stadion von Wimbledon radeln. Aber die nackten Tatsachen hatten einen tieferen Sinn: Brian May hatte nämlich für das Album ›Fat Bottomed Girls‹

(›Mädchen mit fetten Hintern‹) geschrieben, und Mercurys Beitrag lautete ›Bicycle Race‹ (›Radrennen‹).

Freddie legte, wie gesagt, großen Wert darauf, stilvoll auf seinen Partys zu erscheinen. Nach einem Auftritt der Band in Milton Keynes hatte er sich in einem Hubschrauber zum elitären Londoner Embassy-Club fliegen lassen (dessen Besitzer, Stephen Hayter, wurde auch ein Opfer der heimtückischen Krankheit AIDS). Aber trotz der rasanten Beförderungsart kam er nicht mehr rechtzeitig, um eines seiner Idole, die Sängerin Diana Ross, begrüßen zu können, die gerade davonschwebte, als er seinen großen Auftritt hatte.

Die tollsten Partys fanden hinter verschlossenen Türen in Mercurys luxuriöser Villa in Kensington statt. Wayne Sleep, hochbezahlter Ballettänzer und Freund von Prinzessin Diana, erteilte Mercury Unterricht, nachdem sich der Queen-Sänger an ihn gewandt hatte, weil er ein Video mit Balletteinlagen machen wollte. Sleep, der selbst viele Partys miterlebt hatte, erzählte: »Freddie weiß, wie man eine Fete aufzieht. Geld spielt keine Rolle, er ist ja so großzügig, und gerne stellt er seine Veranstaltungen unter ein Motto. Einmal stieg bei ihm eine Hut-Party. Alle Gäste erschienen mit bizarren Kopfbedeckungen. Ich wickelte mir eine Gardine um den Kopf und kam als Turban.« Ein anderes Mal waren kurze Hosen angesagt. Das Ganze spielte sich in Mercurys herrlichem, über 4000 Quadratmeter großen Garten seiner Villa ab. Es ging wieder hoch her, obwohl Berichte, nach denen Sleep mit Champagnergläsern und Tabletts um sich geworfen haben soll, nachdem eine akrobatische Balletteinlage fürchterlich danebengegangen war, nicht ganz der Wahrheit entsprachen. »Das stimmt nicht, aber die Party war toll, wie alles, was Freddie auf die Beine gestellt hat«, meinte Sleep.

Sein Geburtstag – Mercury wurde am 5. September 1946 geboren – war stets ein großer Festtag. Manchmal erstreckten sich die wilden Partys über mehrere Tage, zum Beispiel bei seinem 35. Geburtstag, als er mit der Band im Rahmen einer Tournee in New York Station machte.

Fest entschlossen, seine Freunde an seinem Geburtstag bei sich zu haben, blätterte er für Erster-Klasse-Tikkets Tausende von Pfund auf den Tisch und quartierte sie in einem der exklusivsten Hotels von Manhattan ein, wo schon Champagner im Wert von 30 000 £ für sie bereitstand.

Nach Angaben eines ehemaligen Mitarbeiters beliefen sich die Gesamtkosten auf etwa 200 000 £. Einer von Freddies besten Freunden, Peter Straker, erinnert sich: »Er hatte die komplette Suite des Berkshire-Hotels am Central Park gemietet. In diesen Genuß kommen sonst nur gekrönte Häupter. Aber Freddie ist unglaublich großzügig. Er hat sogar mal eine teure Geburtstagsfeier für mich bei sich zu Hause ausgerichtet. Kosten und Mühen hat er nie gescheut.«

Drogen, speziell Kokain, wurden bei den Partys kostenlos verteilt; einmal versorgte ein Liliputaner die verwöhnten Besucher mit dem feinsten Stoff, den man sich vorstellen kann. Nach Angaben von Peter Jones, einem früheren Mitarbeiter, sollen Mercury und seine Gefährten in sechs ausschweifenden Wochen einmal 24 000 £ für Kokain ausgegeben haben. Bei einer anderen Gelegenheit stürzte ein vollgepumpter Mercury erst in die Glastür eines Restaurants, später fiel er die Treppe hinunter, als er die Toilette aufsuchen wollte. Aber er war so ›stoned‹, daß er keinerlei Schmerzen empfand. Zitat Jones: »Freddie nahm alles, was er in die Finger kriegen konnte – Aufputsch- und Beruhigungsmittel, Pillen und Pülverchen.«

Freddies Vorliebe für Partys führte ihn auch in königliche Kreise. Im Anschluß an eine Wohltätigkeitsgala mit dem Royal Ballet im Londoner Covent Garden traf er Prinz Andrew in der berühmten ›Crush Bar‹. Der Prinz hielt ein halbleeres Tablett mit Erdbeeren in Händen, und Mercury zitierte lautstark seinen Assistenten Peter Freestone herbei, er solle es ihm abnehmen. Der Prinz war etwas erstaunt, weil Mercury in der überfüllten Bar nach einer gewissen ›Phoebe‹ rief, wo doch Freestones Vorname Peter war, woraufhin Freddie den Prinzen in das Geheimnis um den Kosenamen seines Assistenten einweihte.

Bei dieser Begegnung war der Prinz dem modebesessenen Showman auch in Kleiderfragen behilflich, als er Freddies langen, weißen Schal aus dessen Drink fischte und ihn auswrang. Aber dem Wunsch des Prinzen, ein Lied zu singen, begegnete Mercury mit der ungewöhnlichen Bitte, der gutaussehende Sohn der Königin solle sich als Gegenleistung Tarzangleich von einem Kronleuchter zum anderen schwingen. Leider wurde nichts aus der königlichen Vorstellung. Auch die Einladung Mercurys, ihn in einen der ausgeflipptesten Schwulen-Clubs der Hauptstadt zu begleiten, lehnte der Prinz dankend ab. Mercury eröffnete dem Prinzen nämlich, daß er, einige Freunde sowie Tänzer des Königlichen Balletts noch ins ›Heaven‹ gehen wollten, einem Homosexuellen-Club in der Nähe von Charing Cross. Prinz Andrew war im Grunde nicht abgeneigt, aber sein Leibwächter erwies sich als Spielverderber und verhinderte diesen historischen Barbesuch.

Mercurys letzte Privatparty stieg im September 1987 anläßlich seines 41. Geburtstages. Mercury scheute auch diesmal weder Kosten noch Mühen. Schauplatz des Spektakels war Tony Pikes Hotel auf Ibiza. Mercury hatte eine private DC 9 gemietet, die seine engsten

Freunde sowie Kollegen aus dem Showgeschäft an den Ort des Geschehens bringen sollte. Insgesamt waren etwa fünfhundert Ehrengäste geladen, und der ganze Spaß kostete den Sänger mehr als zum Beispiel der Kauf eines eleganten Luxus-Apartments im vornehmen Londoner Stadtteil Mayfair. Die Veranstaltung glich fast einer Theateraufführung: ein gigantisches Feuerwerk wurde abgebrannt, und am spanischen Himmel erstrahlte wie durch Zauberei der Name ›Mercury‹. Heißblütige Flamenco-Tänzer sorgten für Unterhaltung, doch war der Clou des Abends die Geburtstagstorte, die die Ausmaße eines Einfamilienhauses hatte.

Mercury hat oft behauptet, seine Vorliebe für Amüsement jeder Art hätte sich schon in jenen längst vergangenen Tagen von Bombay herauskristallisiert, wo er bereits als Kind im Luxus schwelgte und wo ihm die Bediensteten jeden Wunsch von der Nase abgelesen hatten. Wie dem auch sei, Mercury hatte seinen Spaß, und die Partys gaben ihm immer wieder die Gelegenheit, mit entsprechenden Leuten anzubandeln.

Pikes Hotel ist ein kleines, abgelegenes, fünfhundert Jahre altes ehemaliges Bauernhaus auf Ibiza, und hier verbrachte Freddie Mercury während seiner letzten Lebensjahre oft und gern seinen Urlaub.

In den 8oer Jahren war Ibiza ein Paradies für junge Leute, denen es nach Sex, wilden Strandfeten und sorglosem Leben gelüstete. So wie diese jungen Lebenskünstler wollte auch Mercury die Freiheit dieser idyllischen spanischen Insel verspüren, wo er der Welt entfliehen und sich nach Herzenslust gehen lassen konnte.

Mercury genoß die Abgeschiedenheit des Hotels, die lockere Atmosphäre und die sonnigen Tage am Swimming-pool. Aber es war beileibe nicht Liebe auf den ersten Blick, die sich einstellte, als ihm Queen-Manager Jim Beach das Hotel gezeigt hatte. Dessen Besitzer, der australische Abenteurer Tony Pike, erinnert sich:

»Freddie suchte etwas Ruhiges, jedoch durfte es nicht langweilig sein«, eine schwierige Kombination, aber Jim meinte, bei Pike würde er alles finden, was er brauchte. Auf der Fahrt dorthin verlor Freddie jedoch die Geduld, der Chauffeur mußte anhalten, und Mercury fragte seinen Manager: ›Wo, zum Teufel, bringst du mich hin?‹ Jim meinte, er solle sich keine Sorgen machen und sich nicht aufregen, denn er würde begeistert sein, wenn er den Laden sehe. Freddie spitzte seinen Mund, starrte Jim an und sagte: ›Na, hoffentlich, denn sonst bist du gefeuert!‹«

Die erste Begegnung zwischen Mercury und Tony Pike ließ für die Zukunft nichts Gutes ahnen. Mercury schien äußerst reserviert, und Pike glaubte, es mit einem launischen und verwöhnten Superstar zu tun zu haben. »Als wir miteinander bekannt gemacht wurden, kam nur ein unwirsches ›Hallo‹ über seine Lippen. Ich wußte, Stars können zickig sein, und Mercury schien mir zu dieser Sorte zu gehören. Seine Stimmung besserte sich auch nicht, als er mit seinen Gorillas ins Haus ging. Er warf einen flüchtigen Blick in die Zimmer und erklärte: ›Die Decke ist zu niedrig.‹ Ich war mir sicher, daß ich mit ihm Probleme bekommen würde und wollte ihm sagen, daß ich jahrelang geschuftet und alles aus eigener Kraft aufgebaut habe; auch daß alle Gäste bisher von dem besonderen Reiz des Hotels angetan gewesen wären. Gerade wollte ich ihm auch ins Gesicht sagen, daß ich auf einen Freddie Mercury, der nur Probleme mit sich bringe, verzichten könne, als er plötzlich abwinkte und meinte: ›War nur Spaß.‹ Wir fingen beide an zu lachen, und von diesem

Moment an war mir klar, was für ein prima Kerl er sein mußte.«

Von da an kam Mercury regelmäßig zu Pike und verbrachte meist etwa zwei Wochen dort. »Freddie hatte sich in den Ort verliebt«, sagte Pike, »und immer wieder versicherte er mir, wie sehr es ihm hier gefiele. Einmal hat er gesagt: ›Wenn ich hier bin, kann ich Freddie Mercury vergessen und ganz ich selbst sein.‹«

Für den Superstar, dessen Leben mit halsbrecherischer Geschwindigkeit verlief, bot Pikes Oase die Möglichkeit zur Entspannung.

»Hier konnte er wirklich abschalten, und es war schön, ihn so glücklich zu sehen. Wir verbrachten viel gemeinsame Zeit miteinander. Seine Bescheidenheit machte ihn liebenswert. Eine Menge Leute aus dem Popgeschäft spielen unablässig den großen Star, nicht so Freddie. Ich sehe noch sein Gesicht vor mir, wenn er mich fragte, ob er mir viel Umstände bereite, oder ob ich eine von seinen Platten möge. Er nahm nie etwas für selbstverständlich hin, und er legte nie irgendwelche Starallüren an den Tag.

So erinnere ich mich an den Abend, als er mit Montserrat Caballé fürs Fernsehen das Duett ›Barcelona‹ aufgenommen hat. Es war ein so bewegendes Ereignis, daß einigen Mitgliedern des Aufnahmeteams sogar die Tränen kamen. Aber als er nach der Show ins Hotel zurückkehrte, war Freddie wie ein kleiner Junge, trotz seiner sensationellen Show mimte er nicht den Superstar. Das Publikum war vollkommen aus dem Häuschen gewesen, doch Freddie fragte mich an jenem Abend in der Bar nur: ›Glaubst du, den Leuten hat es gefallen!‹ Er wollte kein überschwengliches Lob hören, sondern nur sicher sein, daß sein Auftritt in Ordnung gewesen war.

Freddie war einfach menschlich. Von ihm ging so viel Wärme aus, und er wollte von allen geliebt werden.

In jener Nacht unterhielten wir uns bis gegen acht am nächsten Morgen. Er, ein paar enge Freund und ich, wir redeten die ganze Nacht durch. Er war so aufgekratzt nach der Show, seine Hände fuchtelten in der Gegend herum, und seine Stimme überschlug sich fast, wenn er ›Oh, oh, oh!‹ rief. Es war fantastisch.

Wenn man sich mit Freddie unterhielt, gab es keine Pausen oder peinliches Schweigen, nie war man um Worte verlegen. Er zog einen einfach magisch an, und die Zeit verging wie im Fluge. Freddie hatte auch immer eine Anekdote auf Lager. Er hat mir die erstaunlichsten und komischsten Geschichten erzählt, wobei seine Fantasie oft mit ihm durchging. Einmal schilderte er mir ein Erlebnis in Afrika: Er saß auf dem Rücksitz eines Landrovers, als eine Herde Elefanten nahte und das Fahrzeug zu attackieren begann. Das einzige, was er in dem Geländewagen fand, waren Äpfel, und um sich zu verteidigen, setzte er die als Wurfgeschosse gegen die wütende Herde ein, um sie auf diese Weise von ihrem unseligen Vorhaben abzubringen.

Seine Schilderung war so lustig, aber auch so lebensnah, daß man sich direkt vorstellen konnte, wie er da in dem Jeep saß und starr vor Schreck versucht hat, sich mit Früchten der riesigen Kreaturen zu erwehren. Bis heute habe ich das Bild nicht vergessen, so lebendig hat er die Geschichte erzählt. Freddie war der geborene Geschichtenerzähler, dabei konnte er nicht ruhig sitzen bleiben, wenn sein Temperament mit ihm durchging. Er mußte aufstehen und Hände und Füße zu Hilfe nehmen. Es war wie im Kino.«

Wenn Freddie bei Pike Ferien machte, verließ er nur selten das Grundstück. Meistens hielt er Hof am hoteleigenen Schwimming-pool: »Manchmal versammelten sich alle am Pool, und Freddie gab etwas zum Besten. Ein unvergeßliches Erlebnis. Aber trotz seines schauspielerischen Talents hielt ich ihn eher für einen schüchternen, zurückhaltenden Menschen. Er war sehr bescheiden, und das machte ihn so liebenswert. Nie wollte er sich jemandem aufdrängen. Nie hat er den Star herausgekehrt – das Gegenteil war eher der Fall. Manchmal entschuldigte er sich sogar für seine Person. Wenn eine Unterhaltung etwas zu lebhaft wurde und andere Gäste in der Nähe waren, sagte er oft: ›Bitte sagen Sie uns, wenn wir zu laut sind. Ich möchte Sie nicht stören.‹ Oftmals bat er auch die übrigen Gäste an seinen Tisch, um ihnen das Gefühl zu geben, dazuzugehören. Er hatte unglaublich gute Manieren und war sehr höflich.

Manche Leute hielten seine Einladungen allerdings für Angabe oder Arroganz und sagten, daß sie sich ihre Drinks alleine kaufen könnten. Ich mußte sie dann zur Seite nehmen und ihnen erklären, daß er es nicht so gemeint hatte und nur etwas mit ihnen plaudern wollte. Dann setzten sie sich zu ihm und merkten, wie er wirklich war, und am nächsten Tag entschuldigten sie sich bei mir, weil sie ihn völlig falsch eingeschätzt hatten. Hinterher waren sich alle einig, was für ein prima Kerl er wäre.

Freddie besaß wirklich ein sehr warmherziges Wesen. Wenn Leute so viel Geld machen wie er oder so berühmt sind, kümmern sie sich meistens nicht um die kleinen, alltäglichen Dinge. Freddie war da ganz anders. Er erinnerte sich an Namen und Geburtstage oder daran, was er vor einem Jahr mit jemandem gemeinsam erlebt hatte. Das war bemerkenswert und machte ihn um so sympathischer.

Viele Leute meinten, er wäre sehr einsam gewesen, aber den Eindruck hatte ich nicht. Wenn er allein sein wollte, dann wollte er eben allein sein, und damit basta. Alle, die ihn kannten, sei es nun gut oder nur flüchtig – mich eingeschlossen – liebten ihn. Er brauchte nur zu rufen, und alle kamen. Zu einigen seiner Partys hat er auch mich eingeladen, und ich habe niemals gezögert hinzugehen, weil ich wußte: wo Freddie war, da war was los.«

Die wohltuende Atmosphäre bei Pike half Mercury, seine ausgeprägte Angst vor dem feuchten Element zu überwinden. »Freddie war schrecklich wasserscheu«, sagte Pike, »und er blieb lieber auf dem Trockenen, aber eines Tages konnte ich ihn dazu überreden, mit auf mein Boot zu kommen. Mit der Zeit gewöhnte er sich daran und wurde immer lockerer und gelöster, und danach sind wir regelmäßig rausgefahren. Wir saßen dann auf Deck, badeten in der Sonne, tranken Rum der Marke ›Pimms Number One‹ oder Champagner, um uns abzukühlen, und lauschten den Klängen wundervoller Musik. Manchmal fuhr ich mit ihm auch hinüber nach Formentera.«

Der Bootsausflug, der Mercury von seiner Phobie kurieren sollte, führte nach Isomele de Sel, einer ehemaligen Salzmühle, die zu einem eleganten Restaurant mit herrlichem Blick aufs Meer umgebaut worden war. »Als ich ihm den Vorschlag machte, mit dem Boot rauszufahren, sagte er: ›Auf dein Boot kriegen mich keine zehn Pferde, mein Lieber‹, und ich entgegnete: ›Hör zu, das Restaurant wird dir gefallen.‹ Er dachte einen Moment darüber nach, dann meinte er plötzlich: ›Versprichst du mir, daß du auf mich aufpaßt?‹ Ich gab ihm mein Ehrenwort, und dann konnte es losgehen. Am Anfang war er noch ein bißchen nervös, aber dann fand er Gefallen an der Sache.

Als seine Freunde davon erfuhren, waren sie sprachlos. Phoebe (Peter Freestone), sein Mädchen für alles, konnte es einfach nicht glauben, daß Freddie seine Angst besiegt hatte. Auf der anderen Seite genoß Freddie das Leben in vollsten Zügen, und manchmal war er unersättlich. Er arbeitete sehr hart – härter als zehn Mann –, aber das Vergnügen kam dabei nicht zu kurz, eine seltene Kombination, aber die vollkommenste Mischung, die man sich vorstellen kann.

Er übte eine unwiderstehliche Anziehungskraft aus – auch auf Menschen, die seine Neigungen nicht teilten. Viele Leute hassen Schwule, aber gegenüber Freddie war von Haß keine Rede. Er verzauberte einen durch seinen Charme und seine Persönlichkeit, war aber stets ehrlich und aufrichtig. Immer zeigte er sich umsichtig und rücksichtsvoll, auch wenn es nur um Alltägliches ging; wenn er zum Beispiel im Restaurant bemerkte, daß einer seiner Gäste noch kein Weinglas hatte, so bot er ohne Umstände zu machen sein eigenes an und wartete geduldig, bis ihm der Ober ein neues brachte.

Freddie schätzte einen guten Tropfen – Rotwein, Weißwein –, und er war stets sehr angetan von dem, was wir servierten. Bei mir arbeiten zwar nicht die allerbesten Küchenchefs der Welt, und manchmal hätte das Essen wirklich besser sein können, aber er hat sich nie über etwas beklagt. Er sagte immer: ›Das ist fabelhaft, mein Lieber.‹«

Bei Pike feierte Mercury eine seiner exotischsten Partys. »Freddie wollte zusammen mit Elton John etwas auf die Beine stellen«, erinnert sich Pike, »aber die Sache ging schief, als sich Eltons Manager und Jim Beach in der Hotelbar in die Haare gerieten. Alles mußte abgeblasen werden. Freddie war außer sich vor Wut. Kurz danach kam er zu mir und sagte: ›Hör zu, in vier Tagen habe ich Geburtstag, und Geburtstage müssen gefeiert werden. Ich wünsche mir die schärfste Fete, die diese Insel je erlebt hat.‹ Sein Wunsch erfüllte sich. Es kamen etwa siebenhundert Gäste, dreihundertfünfzigmal knallten die Champagnerkorken, siebenundvierzig

Künstler sorgten für Unterhaltung, und den krönenden Abschluß bildete ein spektakuläres Feuerwerk, das überall auf der Insel zu sehen war.«

Aber niemand auf der Party hat Kuchen gegessen. »Freddie hatte einen Kuchen in der Form von Gaudís Kathedrale in Barcelona backen lassen, und ich flog das Meisterwerk in einer Privatmaschine zur Party. Unglücklicherweise verlief die Landung recht holprig, und der ganze Kuchen war im Eimer. Als Freddie davon hörte, war er entsetzt und sagte: ›Du mußt etwas unternehmen. Was ist denn eine Geburtstagsfeier ohne einen Kuchen!‹ Bis zum Eintreffen der Gäste blieben uns nur noch etwa vier Stunden, und wir zermarterten uns unsere Köpfe. Schließlich zauberten wir einen zwei Meter langen Kuchen, dekoriert mit den Noten seines Duetts mit Montserrat – ›Barcelona‹. Freddie war gerührt.«

Aber trotz aller Mühen rührte niemand den Kuchen an. Pike: »Es war eine Tragödie. Der Kuchen sah fantastisch aus, und sechs Mann trugen ihn hinaus. Aber als wir ihn auf den Tisch gestellt hatten, wollte keiner zugreifen. Ich glaube, die Leute waren zu sehr mit anderen Dingen beschäftigt. Am Ende schnappten sich die Gäste meine Sekretärin Penny und warfen sie trotz ihrer Hilfeschreie in die Torte. So ging es bei Freddies Partys immer zu...« Bei dieser Party wäre übrigens fast das ganze Hotel abgebrannt, wie sich Pike erinnert: »Die Terrasse hatten wir mit hunderten von schwarzgoldenen Luftballons dekoriert. Irgendein Spaßvogel hielt eine brennende Zigarette dran, und eine ungeheure Stichflamme schoß empor. Die ganze Fassade stand in Flammen, es hätte mit einer Katastrophe enden können.«

Als die ersten Gerüchte über Mercurys Krankheit durchsickerten, wollte Pike Genaueres wissen. »Ich fragte einige Leute aus seinem persönlichen Umfeld, weil ich beunruhigt war, als ich etwas von AIDS gehört hatte. Aber alle sagten, daß er sich während der Brasilien-Tournee nur eine Blutkrankheit zugezogen hätte. Heute weiß ich, daß jeder ihn schützen wollte.«

Tony Pike erfuhr in Neuseeland von Mercurys Tod: »Ich konnte es nicht glauben. Ich war wie erstarrt, die Nachricht war so furchtbar. Der Mann war einfach ein Genie. Sein Tod bedeutete eine Tragödie für alle, die ihn kannten.

Freddie war ein stark emotionaler Typ. Diese Menschen sind sehr empfindlich und verletzlich, sie lassen nicht jeden an sich heran. Er mußte vollstes Vertrauen in jemanden haben, bevor er ihn in seinen erlauchten Kreis aufnahm. Aber wenn man erst dazugehörte, war alles wie im Märchen. Im Gegensatz zu vielen anderen Stars hatte Freddie wahre Freunde um sich, denen gegenüber er sich stets loyal verhielt. Wenn man ihn näher kannte, stellte man fest, wie locker und lustig er sein konnte, und das wiederum machte ihn so rätselhaft, denn bei der Arbeit war er stets ernst und gewissenhaft. Ging es aber ums Feiern, stellte er alle in den Schatten. Ich habe nur herrliche Erinnerungen an ihn. Immer noch sehe ich dieses warme, freundliche Gesicht vor mir und höre sein Lachen, das so ansteckend wirkte. Für mich wird er niemals sterben.«

Abgesehen von der Musik war Freddie Mercury zwischen zwei Leidenschaften hin- und hergerissen – Sex und Geld ausgeben. Beides waren für ihn orgiastische Ereignisse, die ihn in Verzückung geraten ließen.

Binnen weniger Minuten konnte Mercury in einem Kaufrausch mehr Geld ausgeben, als die meisten Menschen in ihrem ganzen Leben verdienen. Als ich ihn gefragt habe, wie er mit seinem Reichtum fertig würde und ob er wegen seiner Millionen ein schlechtes Gewissen habe, war Mercury sichtlich verwirrt. Mit einer dramatischen Geste warf er seine Hände in die Luft und erklärte: »Mit meinem Reichtum bin ich immer wunderbar fertig geworden. Ich bin kein Onkel Dagobert, der sein ganzes Geld im Tresor hortet. Viel lieber gebe ich es mit vollen Händen aus, dafür ist es ja schließlich da. Ich gehöre nicht zu denjenigen, die jeden Tag wie besessen ihre Taler zählen.«

Seine Verschwendungssucht kam nicht erst mit seinen großen Erfolgen. Als einer der führenden Werbestrategen des Landes, Tony Brainsby, sich entschloß, die Band unter seine Fittiche zu nehmen, fiel ihm diese Charaktereigenschaft Mercurys sofort auf. Brainsby, der auch für Topstars wie Paul McCartney oder Stevie Wonder tätig ist, meinte: »Als unsere gemeinsame Arbeit begann, hatte Freddie noch seinen kleinen Stand auf dem Kensington Market und war immer knapp bei Kasse. Aber schon damals kaufte und kaufte er, als würde das Geld am nächsten Tag nichts mehr wert sein. Für ihn war Geld zum Ausgeben da.«

Mercurys Kaufwut war legendär. Während eines Blitzbesuchs in Japan erwarb er Antiquitäten und Kunstgegenstände im Wert von fast einer Million Mark. Eine ähnliche Summe berappte er für ein exquisites 144-teiliges Service – handbemalt, mit Constable-Miniaturen versehen und mit Filigrangold eingefaßt, kostete allein eine Servierplatte 60 000 DM. Bei einem seiner zahlreichen Besuche bei Harrods, dem weltberühmten Kaufhaus im Londoner Stadtteil Knightsbridge, kaufte er auf einen Schlag die gesamte Sonderausstellung chinesischer Stilmöbel, und ständig war er auf der Suche nach Dresdener Puppen für seine kostbare Sammlung. Für seinen künstlich angelegten Teich im Garten seiner Villa erwarb er für 150 000 DM Fische, darunter auch farbenprächtige Koi-Karpfen, eine japanische Spezies, die hundert Jahre alt werden kann und von denen ein Exemplar mehrere tausend Mark kostet.

Beim exklusiven Londoner Juwelier Cartier wurden Überstunden gemacht, damit sich Mercury in aller Ruhe Gold und Edelsteine aussuchen konnte. Die Tourneen der Band dienten nicht nur dazu, überall auf der Welt seine treuen Fans zu beglücken, sie boten dem Sänger auch die Gelegenheit, Kostbarkeiten aus den entlegensten Winkeln der Erde zu erstehen. Mercury und sein mit Antiquitäten und Kunstschätzen bepacktes Gefolge waren in den exklusivsten Hotels der Welt ein vertrauter Anblick.

Die schönen Künste waren seine Leidenschaft, und seine Sammlung stellte bald eine der wertvollsten des Landes dar. Sie umfaßte japanische Holzschnitte, impressionistische Gemälde sowie Werke viktorianischer Meister und des russischen Malers Marc Chagall und war Millionen wert. Regelmäßige Besuche bei Versteigerungen und Kunstgalerien gehörten zu Mercurys Leben, und auch seine fortschreitende Krankheit konnte ihn nicht davon abhalten. Roxy Meade, Mercurys PR-Mann, meinte: »Freddie entdeckte immer wieder neue Sammelgebiete. Er liebte so viele Dinge, und er hatte einen erlesenen Geschmack, was man von vielen anderen Showgrößen nicht gerade behaupten kann.«

Mercury gestand in einem Interview: »Wenn ich mich niedergeschlagen fühle, ziehe ich einfach los und kaufe alles, was nicht niet- und nagelfest ist. Das bringt mich auf andere Gedanken, ähnlich wie eine Frau, die sich einen neuen Hut kauft, um ihren Kummer zu vergessen. Aber hinterher sage ich mir oft: »O Gott, was, zum Teufel, hast du dir heute wieder alles gekauft?«

Er gab sein Geld aus, als hätte man vor, es aus dem Verkehr zu ziehen. Wenn ihm seine Steuerberater dringend dazu rieten, Investitionen zu tätigen, wehte das an seinen Ohren vorbei wie die Seufzer einer Liebesnacht. Trotzdem hatte er selten Bares bei sich – »wie die richtige Queen«, wie er spöttisch bemerkte –, und Mitarbeitern und Freunden oblag es, sich beim Einkaufsbummel um das Finanzielle zu kümmern. »Mein ganzes Geld wandert zu Sotheby's, Christie's, Harrods, Asprey und Cartier«, sagte er. »Ich liebe das Extravagante. Manchmal wünsche ich mir vom Leben nichts anderes, als haufenweise Geld zu verdienen, um es dann mit vollen Händen wieder auszugeben.«

Mercurys riesige Verschwendungssucht spiegelte sich in seiner prächtigen Villa in Kensington wider, die er für 500 000 £ erworben hatte. Während einer Tournee der Band hatte Mary Austin das Haus aus der Zeit Edwards VII. ausfindig gemacht und ihm Fotoansichten geschickt. Mercury war auf der Stelle Feuer und Flamme. Aufgeregt wie ein kleines Kind zu Weihnachten rief er sofort an und sagte, er müsse es haben, und sie solle alles in die Wege leiten. Filmregisseur Mike Hodges, der, wie bereits erwähnt, Queen für den Soundtrack zu *Flash Gordon* für sich gewinnen konnte, erinnerte sich: »Freddie war ganz außer sich, als er das Haus gekauft hatte. Allen Leuten drückte er Fotos in die Hand.«

Was sein Haus (ursprünglich für die Kaufmannsfamilie Hoare erbaut) anging, so erwies sich Mercury als derselbe Perfektionist wie bei seiner Arbeit. Ein Team von Architekten und Raumausstattern arbeitete exakt nach seinen Angaben, aber erst vier Jahre später konnte er einziehen. Die Umbau- und Renovierungsarbeiten dauerten so lange, weil Mercury ständig Veränderungen und Ergänzungen an den ursprünglichen Plänen vornahm; zu Freunden meinte der Sänger oft scherzhaft, daß wohl nichts daraus werden würde, eines Tages dort einzuziehen. In einem unserer Interviews erklärte er: »Seit vier Jahren habe ich jetzt schon dieses Haus. Es ist wirklich prächtig… unsere Leute arbeiten aber noch daran, verzieren das Ganze mit allem möglichen Mist. Bei diesem Tempo bin ich wahrscheinlich alt und grau, wenn ich mal einziehe.«

Als das Haus schließlich fertig war, umfaßte es unter anderem acht Schlafgemächer, vier Badezimmer aus feinstem Marmor sowie einen Whirlpool. Das Prunkstück jedoch war Mercurys reich geschmücktes Schlafzimmer auf der oberen Etage, das aus ursprünglich drei Räumen entstanden war. Es hatte einen Balkon mit romanischen Säulen, und das überdimensionale Bett war mit einer elektronischen Schalttafel ausgestattet, mit der eine Reihe von technischen Spielereien gesteuert werden konnte.

Über dem Bett, das mit Hilfe eines Krans in den Raum gehievt werden mußte, schwebte ein kuppelförmiger Baldachin, hinter dem sich hunderte von verschiedenfarbigen Lampen verbargen, die dem Zweck dienten, die Atmosphäre des Raums den wechselnden Launen und Stimmungen Mercurys anzupassen. Das hochmoderne, mit elektronischem Schnickschnack vollgestopfte System, kostete zigtausende; mit einem Knopfdruck konnte man z. B. die Sonne auf- oder untergehen lassen.

Das Schlafgemach, wie auch die anderen Räume, beherbergte eine große Zahl von antiken Kunstschätzen und *objects d'art*. Der Fußboden war ausgelegt mit einem handgeknüpften Teppich aus reiner Wolle, dessen Sternenmuster erstrahlte, sobald Licht darauf fiel. Nebenan befand sich ein riesiges, Mahagoni-getäfeltes und rundum mit Spiegeln versehenes Ankleidezimmer. Es beherbergte Freddies reichhaltige Garderobe, die noch Kleidungsstücke aus seiner Zeit als Marktverkäufer enthielt. Auch die Badezimmer waren eines Palastes würdig. Eines war ganz in schwarzem Marmor gehalten, ein anderes orange, und alle waren mit Spiegeln übersät.

Phil Symes, einer von Mercurys Beratern, meinte: »Freddie hat alles sehr geschmackvoll eingerichtet. Er besaß traumhaftes Mobiliar und unschätzbare Antiquitäten, aber trotz allem wirkte sein Haus nicht überladen oder gar vollgestopft. Alles paßte wunderbar zusammen. Einer der schönsten Räume war der Salon mit seinem auf Hochglanz polierten Parkettboden und der herrlichen Galerie.«

In einem seiner nachdenklichen Momente räumte Mercury ein: »Ich habe alles, was man sich für Geld kaufen kann, aber glücklich bin ich nicht.« Doch wie vieles von dem, was er sagte, war auch dies eine kleine Notlüge, die sich viel besser anhörte als die Wahrheit. Tatsächlich verfiel er geradezu einem Sex- und Kaufrausch, und jede Neuerwerbung wirkte auf ihn wie eine Droge. Zutreffender erschien sein Geständnis: »Ich habe das Glück, reich zu sein. Manchmal glaube ich, daß ich mir nur mit Hilfe meines Geldes ein gewisses Glücksgefühl verschaffen kann.«

Mercury gab sich jeder seiner Launen hin, aber er ließ auch Bekannte, Freunde und natürlich Liebhaber an seinem Luxus teilhaben. Er war einer der großzügigsten Stars der Rockszene und überhäufte seine Lieben nicht nur mit Plunder und Kinkerlitzchen, sondern auch mit teuren Autos und eleganten Wohnungen. Wenn ihn wieder mal das Kauffieber packte, machte er sich auf den Weg zu Harrods und kaufte für Tausende von Pfund Geschenke. Einmal soll er für jede Frau, die er gekannt hatte, 5000 £ für Parfüm ausgegeben haben. »Meine Kaufwut bedeutet niemals rausgeschmissenes Geld«, sagte er. »Ich habe so viele Freunde, denen ich etwas schenken kann. Es macht Spaß, bei anderen für Furore zu sorgen und ihre lachenden Gesichter zu sehen.« Aber eines war ihm niemals vergönnt – und zwar ein neues Haus für seine Eltern zu kaufen, die trotz Mercurys Bitten und Drängen nicht dazu zu bewegen waren, ihre bescheidene, direkt in der Einflugschneise des Londoner Flughafens Heathrow gelegene Reihenhaushälfte in Feltham aufzugeben.

Noch Monate vor seinem Ende verschwendete er für sich und seine Freunde riesige Summen. Im Jahr seines Todes begab er sich auf Wohnungssuche und gab für zehn seiner engsten Freunde insgesamt etwa eine Million Pfund aus. Gutunterrichtete Kreise sind der Meinung, daß er während der letzten Monate seines Lebens einen beträchtlichen Teil seines auf etwa achtzig Millionen Mark geschätzten Vermögens für Freunde und Bekannte ausgegeben hat. Auch ans Bett gefesselt, blätterte er noch Kunstkataloge durch und träumte von noch mehr Luxus.

Mercury hat einmal im Spaß gesagt, daß er dereinst wie die Pharaonen im alten Ägypten mit all seinen Schätzen beigesetzt werden wolle. Aber das blieb leider ein Wunschtraum: es gab kein unterirdisches Gewölbe, das groß genug gewesen wäre.

Kapitel 7

LIVE AID

Das Konzert, das die Welt erschütterte

*»Wir spucken zwar große Töne,
aber wir stellen auch allerhand auf die Beine.«*

Das Ereignis wurde als die größte Show auf Erden angekündigt – und diesmal war jeder Superlativ gerechtfertigt. Das ›Live Aid‹-Konzert las sich wie ein ›Who is Who‹ der Popwelt: Paul McCartney, Elton John, David Bowie, U2, Dire Straits, The Who, Phil Collins, Eric Clapton, Madonna, Mick Jagger und Sting. Insgesamt verfolgten zwei Milliarden Menschen in 170 Ländern der Welt am Bildschirm die beiden Konzerte – eines im Londoner Wembley-Stadion, das zweite in der Kennedy-Arena von Philadelphia –, die größte Zuschauerzahl aller Zeiten. Die Show entsprang einer Idee des früheren Punkrockers und eigenwilligen Kopfes der Boomtown Rats, Bob Geldof, und sollte mit dazu beitragen, Geld für die Opfer der furchtbaren Hungerkatastrophe in Äthiopien aufzubringen. Nachdem er im britischen Fernsehen einen Bericht über das afrikanische Land gesehen hatte, reifte bei Geldof, dem später für seine Verdienste der Beiname Sankt Bob verliehen wurde, der Gedanke an eine Wohltätigkeits-Rockshow, größer als sie die Welt jemals gesehen hatte. Trotz aller Schwierigkeiten und Rückschläge gelang es ihm, ein Ereignis auf die Bühne zu bringen, das sogar die kühnsten Träume übertreffen sollte.

Beide Konzerte an jenem heißen 13. Juli 1985 waren überwältigende Erfolge. Alle Mitwirkenden trugen ihr Scherflein für den guten Zweck bei, und die Welt schaute zu. In London begann die Show in Gegenwart von Prinz Charles und Prinzessin Diana gegen Mittag. Die unverwüstlichen Status Quo heizten den Fans mit ›Rockin' All Over The World‹ ein, und genau das machten das weltweite Publikum und die Bands die nächsten sechzehn Stunden lang, bis auch das Konzert in Philadelphia zu Ende ging.

Es gab einige unvergeßliche Auftritte an jenem Tag, denn die Bedeutung und Dimension des Ereignisses trieben die Mitwirkenden zu Höchstleistungen an. Aber in Wembley stahl eine Band allen anderen die Show - Queen. An jenem warmen Sommerabend kamen sie kurz vor 19 Uhr auf die Bühne, und als die englischen Komiker Griff Rhys Jones und Mel Smith sie vorstellten, war in dem mit 70 000 Menschen überfüllten Stadion die Hölle los. Mercury schritt mit weißem Unterhemd, Bluejeans und silbernem Amulett auf die Bühne, während die Band mit dem knallharten ›Hammer To Fall‹ loslegte. Mercury beherrschte die Bühne wie ein Gigant. Mit jeder Pose, jeder Bewegung, jeder Geste fesselte er das Publikum. Binnen Minuten fraß ihm die Menge aus der Hand. Wie ein Irrwisch fegte er über die Bühne und wirbelte sein Mikrofon durch die Luft. Er und die Band brachten einige ihrer größten Hits, darunter ›Bohemian Rhapsody‹ und ›Radio Gaga‹, und die Menge war nicht mehr zu halten. Vom begeisterten Jubel angespornt trieb Mercury, schweißtriefend und mit verzerrtem Gesicht, sich und seine Band bis an die Grenze ihrer Leistungsfähigkeit.

Später sagte er: »Ich muß die Leute für mich gewinnen. Wenn mir das nicht gelingt, betrachte ich den Auftritt als Mißerfolg. Man muß alles geben – bis man weiß, daß man alle erreicht hat. Jedesmal, wenn ich auf die Bühne gehe, möchte ich den Leuten für ihr Geld etwas Unvergeßliches bieten.«

Was Mercury und Queen an jenem Abend vollbracht haben, wird in der Tat unvergeßlich bleiben. Es machte sie zu absoluten Mega-Stars. Zwei Milliarden Menschen erstarrten in Ehrfurcht vor ihrer Dynamik und magnetischen Ausstrahlung. Und kein geringerer als Pop-Superstar Elton John gab hinterher zu, daß die Band allen anderen die Show gestohlen habe. Sie hatten nur zwanzig Minuten für den Auftritt ihres Lebens, aber diese zwanzig Minuten hatten es in sich, und die Fans wünschten sich, sie würden nie zu Ende gehen. Die Band bot pures Rocktheater, und Mercurys elektrisierende Bühnenpräsenz sowie seine kraftvolle, variable Stimme gelangten zur vollsten Entfaltung. Nach ›Hammer To Fall‹ rissen die Queens die Menge mit einigen ihrer bekanntesten Klassiker mit, darunter ›Crazy Little Thing Called Love‹, ›Bohemian Rhapsody‹, das die Menge begeistert mitsang, und – passender hätte es nicht sein können – ›We Are The Champions‹. Das Publikum klatschte und stampfte zu den Rhythmen des hypnotischen ›Radio GaGa‹, und bei ›We Are The Champions‹ schwankten 70000 Menschen einträchtig hin und her.

Mercury sagte später: »Wir wollten alle Songs bringen, die den Leuten vertraut waren und mit denen sie sich identifizieren konnten. Der Anlaß das Konzerts war zwar eine schreckliche menschliche Tragödie, aber wir wollten, daß es trotzdem ein freudiges Ereignis wird.« Wirklich, an jenem Abend erwies sich Mercury als ein Meister seines Fachs. Bei ›Rhapsody‹ spielte er am Keyboard, bei ›Crazy Little Thing ...‹ Gitarre, und obendrein fand er noch Zeit, mit den Kameraleuten der BBC herumzualbern.

Kurz vor dem grandiosen Finale, bei dem sich alle Bands für eine mitreißende Version der ›Live Aid‹-Hymne ›Do They Know It's Christmas?‹ (in England die meistverkaufte Single aller Zeiten) auf der Bühne versammelten, setzten Queen noch einen drauf: Mercury und May sangen, dem Anlaß entsprechend, das bewegende ›Is This The World We Created?‹ vom Album *The Works* und wurden von der Menge frenetisch gefeiert. »Es ist merkwürdig«, sagte Freddie, »aber wir hatten diesen Song schon lange vor dem ›Live Aid‹-Projekt geschrieben. Er handelt von leidenden, hungernden Kindern auf unserem Planeten, war also wie geschaffen für dieses Konzert, und wir waren uns einig, *diesen* Song würden wir ganz bestimmt bringen.«

Die Schlagzeilen des nächsten Tages gaben die Reaktion des begeisterten Publikums wider: »Die Queens sind die Könige!« Die wenigen, die das Ereignis nicht mitverfolgt hatten, erfuhren aus der Presse von dem sensationellen Auftritt der Band. Der Londoner *Daily Mirror* nannte ihre Vorstellung »schlichtweg superb«, und der Organisator der Show, Bob Geldof, bestätigte: »Die Queens waren die absolut beste Band des Tages, ob man sie nun mag oder nicht.«

Brian May sagte hinterher: »Der Rest von uns hat so gespielt, daß es wie immer o. k. war – aber Freddie ist in neue Dimensionen vorgestoßen. Nicht nur die Queen-Fans – er riß alle mit.« Was viele Fans im Stadion und an den Fernsehgeräten nicht wußten, war die Tatsache, daß die Ärzte Mercury geraten hatten, wegen einer Halsentzündung auf den Auftritt bei der Star-Gala zu verzichten. Aber er hatte sich ohne Rücksicht auf seine Gesundheit über die gutgemeinten Ratschläge hinweggesetzt, fest entschlossen, seine Fans nicht zu enttäuschen.

Queens Triumph in Wembley half der Band über ihre

Enttäuschung hinweg, nicht bei den Aufnahmen der ›Band Aid‹-Single ›Do They Know It's Christmas?‹ dabeigewesen zu sein. Die Gruppe befand sich zu diesem Zeitpunkt gerade auf ihrer Europa-Tournee. »Wir fühlten uns etwas übergangen«, sagte Freddie einige Tage vor der Show, »aber wir sind überglücklich, diesmal mitmachen zu können.« Die Bilder des Elends in Äthiopien hatten ihn schon seit geraumer Zeit nicht mehr losgelassen, und er war froh, zusammen mit anderen etwas dagegen unternehmen zu können. »Der Bericht im Fernsehen ging mir so zu Herzen, daß ich nicht länger hinsehen konnte. Ich mußte den Kasten abschalten.« Allerdings bestritt er, daß die Band aus einem Schuldgefühl heraus alle anderen Verpflichtungen abgesagt hatte, nur um an der ›Live Aid‹-Gala teilnehmen zu können: »Ich hatte nie ein schlechtes Gewissen wegen meines Reichtums, und solche Gefühle hatten auch keinen Einfluß auf meine Entscheidung, bei ›Live Aid‹ aufzutreten. Was ich fühlte, war tiefe Betroffenheit, aber auch Wut darüber, daß so etwas in unserer heutigen Welt möglich ist; eine Zeitlang fühlte ich mich deswegen ganz, ganz hilflos. Dieses Konzert sollte die Menschen wachrütteln, ihnen die Augen öffnen angesichts der Not und des Elends. Es sollte etwas Positives bewirken, die Menschen ansprechen, damit sie in ihre Brieftaschen greifen.«

Aber das Ereignis war auch für die Band selbst von besonderer Bedeutung. Im August des Vorjahres hatten sie die liberale Welt des Rock and Roll gehörig vor den Kopf gestoßen. Der Grund des Unmutes waren sieben ausverkaufte Konzerte im südafrikanischen Sun City gewesen. Die Band fand sich daraufhin auf der schwarzen Liste der Vereinten Nationen wieder und wurde vorübergehend sogar von der Musikergewerkschaft ausgeschlossen und mit einer Geldbuße belegt.

Zwar konnte die Band gegen die Entscheidung, von der UNO geächtet worden zu sein, erfolgreich Berufung einlegen, aber ihr Verhalten war ein ›Fehler‹, der in weiten Kreisen Mißstimmung hervorgerufen und ihrem Ruf beträchtlichen Schaden zugefügt hatte. Als dann das Angebot kam, bei ›Live Aid‹ aufzutreten, sah die Gruppe die Chance, etwas für ihr ramponiertes Image zu tun. Sie waren fest entschlossen, die Show ihres Lebens zu bieten. Zu diesem Zweck verschanzten sie sich zwei Tage lang in einem Studio, um ihren 20-Minuten-Auftritt immer und immer wieder zu proben, denn sie wollten absolut sicher sein, daß nichts schieflief. »Wir übten länger als für manche unserer Welttourneen«, sagte Brian May. »In diesen zwanzig Minuten wollten wir alles geben, was in uns steckt.«

Der Auftritt der Band wurde denn auch zu einem entscheidenden Wendepunkt ihrer Karriere und verhalf ihr zu ungeahnter Popularität. Die Queens hatten 1982 nicht viel von sich reden gemacht und 1983 eine schöpferische Pause eingelegt. Zurückgemeldet hatten sie sich 1984 mit dem Album *The Works*, das ihnen eine Reihe von Hits bescherte: ›I Want To Break Free‹ (erreichte Platz fünf), ›It's A Hard Life‹ (6) und ›Hammer To Fall‹ (13). Ihr größter Hit des Jahres war das faszinierende ›Radio GaGa‹, mit dem die Queens sicher die Nummer eins geworden wären, wenn ihnen Frankie Goes To Hollywood mit ihrem Millionen-Hit ›Relax‹ nicht den Weg versperrt hätten. Die ›Live Aid‹-Show brachte Queen einer neuen Generation nahe. Mit einem Schlag hatte Mercury Millionen neuer Fans gewonnen und war nicht mehr der ›alte Furz‹, der in den siebziger Jahren dramatisch-schwülstige Werke ›verbrochen‹ hatte. Nach ›Live Aid‹ füllte die Band die größten Stadien der Welt. 1984 hatten sie an vier Abenden in der Wembley-Arena gespielt, einer Mehrzweckhalle, die neuntausend Besuchern Platz bietet; 1986, ein Jahr nach der ›Live Aid‹-Show, war das Wembley-Stadion mit insgesamt 150000 Zuschauern zweimal hintereinander ausverkauft; nach Knebworth kamen 120000, und auch während der anschließenden Europa-Tournee spielten sie vor riesigen Menschenmengen.

Die Band war sich natürlich der bedenklichen Kombination aus gutem Zweck und Kommerz bewußt und erkannte die Chance, die ihnen ein weltweites Spektakel wie ›Live Aid‹ bieten würde.

Am Abend vor der Show sagte Schlagzeuger Roger Taylor: »Natürlich ist das eine wunderbare Sache, und es wird viel Geld dabei zusammenkommen, aber verstehen Sie mich nicht falsch – wir machen es auch aus eigenem Interesse.« In der Woche nach ›Live Aid‹ schoß Queens *Greatest Hits*-Album um sage und schreibe fünfzig Plätze nach oben, und *The Works* wurde erneut ein Hit. Die Verkaufszahlen der Band stiegen in dieser Zeit schätzungsweise um das Fünffache, und auch Mercurys Soloalbum *Mr. Bad Guy* katapultierte sich wieder in die Charts und ließ die Kassen klingeln.

Aber die nackten Zahlen rückten in den Hintergrund angesichts der Bedeutung des Ereignisses. ›Live Aid‹ hatte eine Welle der Anteilnahme und Hilfsbereitschaft ausgelöst, wie sie die Welt noch nicht erlebt hatte. Die Queens selbst waren so beeindruckt von der Show, daß sie dem Organisator einen Song widmeten: ›One Vision‹ war eine Danksagung an Geldof, der mit seinem Mut und seinem Engagement den leidenden Menschen in Afrika geholfen hatte. Die Single wurde im November 1985 ein Riesenhit und erreichte Platz sieben. »Bob Geldof hat Bemerkenswertes vollbracht«, sagte Freddie damals. »Die Welt braucht Männer wie ihn, die den Willen und die Kraft haben, so etwas mit Erfolg auf die Beine zu stellen. Ich bewundere ihn und zolle ihm meinen höchsten Respekt.«

Kapitel 8

DIE LIEBE, DIE LIEBE

Die Männer und Frauen
in Freddie Mercurys Leben

»Liebe ist für mich wie Russisches Roulette.«

Als ein in den höchsten Sphären schwebender Superstar konnte sich Mercury einem ausschweifenden und abenteuerreichen Sexleben hingeben. Oft hatte er jede Nacht einen anderen Liebhaber. Es fanden sich immer Leute, die bereit waren, mit dem Sänger ins Bett zu gehen, der von sich behauptete, sein Verlangen sei unersättlich. Aber Mercury hatte auch eine romantische Seite – eine Seite, die sich nach einem Menschen sehnte, der mit ihm sein Leben teilen, ihm Liebe schenken und ihm in schlechten Zeiten Trost zusprechen könnte.

Zwischen diesen zwei Extremen bewegte sich Mercury während seiner Karriere, bis seine tödliche Krankheit allem ein Ende setzte. Aber auch wenn der Sänger davon geträumt hat, sein Leben mit *einem* geliebten Menschen zu verbringen, so sah doch die Wirklichkeit ganz anders aus. Als Rockstar war er geradezu besessen von Sex – denn wenn es um die Potenz steigernde Mittel geht, ist Ruhm allemal wirkungsvoller als Austern, Rhinozeroshorn oder Alligatorenschwänze. »Ich gehe mit jedem und jeder ins Bett«, gab er einmal zu. »Und mein Bett ist riesig, da passen bequem sechs Leute rein. Ich will Sex ohne jede Verpflichtung. Ja, es gab Zeiten, in denen ich nur für Sex lebte.« Bei einem anderen Interview sagte er: »Ich verfüge über eine starke sexuelle Veranlagung. Eigentlich könnte ich es dauernd machen, obwohl ich mittlerweile wählerischer bin als früher.«

Nach Angaben von Freunden ging Mercury mit Hunderten von Männern ins Bett. Viele, die ihn kannten, behaupteten, er hätte große Angst vor dem Alleinsein gehabt – besonders in der Nacht – und Mercury selbst gab zu, daß er oft mitten in der Nacht schweißgebadet aufgewacht sei, wenn er alleine war. Sein riesiger Appetit auf Sex war auch das Gesprächsthema bei einer seiner Geburtstagspartys in London, wo er von vielen Gästen Sex-Spielzeuge geschenkt bekam. Gewiß war es kein Zufall, daß er lange Zeit in München und New York gelebt hat, zwei Zentren der Homosexuellenszene mit ihren zahlreichen Schwulenbars und -diskos. Auf seinen Tourneen schwelgte er im Sex. Nach einer glanzvollen Show zog er meist durch die Clubs, und in diesen Etablissements gab es immer eine Reihe von Männern, die scharf darauf waren, seine Bekanntschaft zu machen.

Mercury hat oft gesagt, mit seinen häufigen Partnerwechseln versuche er, seine Einsamkeit zu überwinden oder die Wunden zu heilen, die viele seiner Beziehungen hinterlassen hatten. In dieser Aussage mag ein Körnchen Wahrheit gesteckt haben, aber er hatte auch immer das Gefühl, etwas verteidigen zu müssen, was vielen seiner Zeitgenossen widerwärtig und abstoßend vorkommen mußte – seine Vorliebe für ehrlichen, unkomplizierten Sex ohne jegliche tiefere Gefühle, aus der er auch nie einen Hehl gemacht hat. Andererseits wußte er auch um die Behaglichkeit und Sicherheit einer festen Beziehung und versuchte, mit diesen widersprüchlichen Bedürfnissen zu jonglieren: »Ich will meinen Kuchen haben und ihn auch essen«, räumte er ein. »Ich will meine Sicherheit, aber ich will auch meine Freiheit.«

Wenn Mercury über die Liebe sprach, wurde aus dem selbstbewußten Star, den er auf der Bühne verkörperte, ein höchst sentimentaler Mensch: »Ich bin sehr verletzlich, aber nur, wenn mir jemand zu nahetritt. Ich igle mich ein, verschanze mich, das passiert ganz automatisch. Außerdem bin ich extrem emotionsgeladen, und das kann verhängnisvolle Auswirkungen mit sich bringen.

Sicherlich bin ich ein Romantiker, aber ich errichte Barrieren um mich herum, und das macht es den Leuten schwer, zu mir vorzudringen und mein eigentliches Ich zu entdecken. Ich verliebe mich viel zu schnell, und hinterher bin ich todunglücklich. Vielleicht liegt es daran, daß sich die falschen Leute zu mir hingezogen fühlen. Wenn es um Liebe geht, setzt der Verstand aus, man verliert jegliche Kontrolle über sich, und dieser Zustand macht einen extrem verwundbar. Das ist das Problem. Eigentlich sehne ich mich nach einer dauerhaften Beziehung, aber es scheint nie zu klappen. Ständig bin ich auf der Suche nach der ungetrübten Liebe.«

In einem Interview – ich erwähnte es schon einmal – fragte ich ihn, ob der Mann, der doch schon alles zu haben schien, noch einen Wunsch hätte, und er gab zu: »Glück. Das habe ich noch nicht gefunden. Gewiß, ich habe unzählige Freunde, aber man kann scheinbar alles haben und doch nichts besitzen. Vielleicht wird mich eines Tages mein eigenes Ich einholen, und das ist dann mein Untergang.«

Nachdem seine langjährige Beziehung mit Mary Austin in die Brüche gegangen war, entdeckte Mercury seine Homosexualität und kostete sie in vollsten Zügen aus. Freunden hat er erzählt, daß er seine ersten homosexuellen Erfahrungen im Alter von vierzehn Jahren auf dem Internat in Bombay gemacht habe. Auch wenn Mercury in seinen wilden Tagen dann häufig die Partner gewechselt hat, so sehnte er sich doch nach einem ständigen Freund, der ihn überallhin begleiten sollte. Dieser Konflikt zwischen seinen wahllosen Beziehungen und dem Wunsch, eine feste Bindung einzugehen, führte zu heftigen Auseinandersetzungen mit vielen Liebhabern. Während der langen Tourneen, wenn die Band oft monatelang unterwegs war, trieb es Mercury in den Betten wie ein Besessener. Während sich die anderen Mitglieder der Band und die Roadies in Striptease-Lokalen oder Diskotheken amüsierten, suchte Mercury die örtlichen Schwulenkneipen auf, um zu sehen, was der Abend vielleicht noch mit sich bringen würde. Besonders aufregend fand er New York: »Wenn ich dort bin, benehme ich mich wie eine Schlampe. Es ist die Stadt der Sünde mit einem ganz großen ›S‹.«

Barbara Valentin, die walkürenhafte Münchner Schauspielerin, war eine von Mercurys engsten Freundinnen während seines Aufenthalts in der bayerischen Hauptstadt. Sie berichtete, daß die Männer in den Schwulenclubs von Mercury geradezu magnetisch angezogen wurden, sozusagen wie die Motten vom Licht. Für eine seiner Partys auf Ibiza wurden sämtliche kernigen Typen, für die Mercury ja ganz besonders schwärmte, ›eingefangen‹ und zu Pike's ›getrieben‹, damit die Fete ein voller Erfolg würde. Aber Mercurys Exzesse entbehrten oft auch nicht einer gewissen Komik. Ein Hotelgast auf Ibiza erinnert sich, wie Mercury und ein gutaussehender Jüngling, mit dem er sich zuvor wonnevoll am Pool gerekelt hatte, wie verliebte Elfen durch die Gegend hüpften. Dabei klatschte einer dem anderen neckisch aufs Hinterteil, wobei sie verzückte Lustschreie hören ließen: »Nimm das, du süßes Biest!«

Anfang der achtziger Jahre tauschte er seine langen Haare und sein feminines Bühnen-Outfit für ein neues, starkes Image ein. Von nun an sah man ihn mit kurzen Haaren, Schnurrbart und ganz in Leder, der Tracht homosexueller Männer. Mercurys neuer ›Look‹ deutete jetzt darauf hin, zu welchem Typ Mann er sich hingezogen fühlte – ein Freund sagte, sein Traum wäre jemand wie der muskelbepackte amerikanische Schauspieler Burt Reynolds, der aber wiederum zu Mercurys Leidwesen vollkommen heterosexuell war und ist. Auch auf seine ›Männlichkeit‹ war er sehr stolz. Wenn er jemanden dabei ertappte, wie dieser seine prallengen Hosen und was darin steckte anstarrte, sagte er: »Das ist alles mein Werk. Ich habe mir da keine Cola-Flasche oder ähnliches reingestopft.«

Aber in keinem seiner Interviews gab Mercury seine Veranlagung offen zu. Er machte stets nur vage Andeutungen, daß er Beziehungen mit »Männern *und* Frauen« gehabt hätte, mehr verriet er nicht. Meistens sagte er: »Wenn die Leute wissen wollen, ob ich schwul bin, kriegen sie keine Antwort von mir. Statt dessen sage ich, sie sollen selbst versuchen es herauszubekommen. Über mein bisexuelles Image können die Leute denken, was sie wollen. Das sollen sie sogar. Das Mystische, das mich umgibt, möchte ich mir bewahren.«

Die meisten seiner Fans wußten entweder nichts über das Ausmaß seiner Homosexualität oder wollten die Gerüchte einfach nicht wahrhaben. Für viele seiner weiblichen Fans war er der ideale Ehemann. Eine junge Frau erklärte: »Er ist mein Traummann. In der Öffentlichkeit sieht man ihn nie in der Begleitung von Mädchen, denn in seinem Leben gibt es nur eine einzige Frau, die er vor dem ganzen Rummel in Schutz nehmen möchte. Aber wenn er sie jemals verlassen sollte, wäre ich überglücklich, ihre Nachfolge antreten zu können. Freddie verfügt über eine ungeheure Ausstrahlung und ist ganz sicher sehr, sehr einfühlsam.«

Warum Mercury der Öffentlichkeit gegenüber niemals seine homosexuellen Neigungen zugegeben hat, sondern das Thema immer wieder umging, herunterspielte oder sich gar darüber lustig machte, bleibt ein Geheimnis, das der Sänger mit in sein Grab genommen hat. Einige Freunde glauben, daß er seine streng religiösen Eltern nicht vor den Kopf stoßen wollte, andere sind der Meinung, als Mensch, dem seine Privatsphäre über alles ging, hätte er nie allzu viel über sich preisgegeben – das wurde auch bei seinen wenigen Interviews klar, in denen er kaum über sein persönliches Umfeld sprach. Andere wiederum sind überzeugt, daß er als cleverer Geschäftsmann das Gefühl hatte, durch die öffentliche Zurschaustellung seiner Veranlagung viele seiner Fans zu verprellen. Das wurde in Amerika deutlich, als die Zuschauer anfingen, den Sänger, der sein Äußeres stark verändert hatte, bei seinen Konzerten mit Rasierklingen zu bewerfen. Sie hatten seine Macho-Klamotten und seinen Schnurrbart völlig richtig als äußeres Zeichen von Homosexualität interpretiert.

Die negativen Kritiken mehrten sich, als in den USA das *I Want To Break Free*-Video veröffentlicht wurde, bei dem die ganze Band in Frauenkleidung auftrat. In England war die Sache als nicht ganz ernstzunehmender Spaß angesehen worden, aber die prüden Amerikaner verstanden den Witz überhaupt nicht. Brian May sagte damals: »In England haben alle über das Video gelacht, aber in Amerika waren die Leute entsetzt und angewidert, sie fühlten sich sogar beleidigt.«

Ein Mitarbeiter Mercurys, ebenfalls homosexuell, bestritt, daß der Star Probleme mit seiner Sexualität gehabt habe. Er sagte: »Ich war oft mit Freddie zusammen, aber ich hatte nie das Gefühl, seine Veranlagung würde ihm etwas ausmachen. Ich glaube, er hat das alles ganz locker gesehen. Das fand ich bewundernswert an ihm, denn seine Neigung war ihm nicht peinlich, er schämte sich nicht deswegen, im Gegensatz zu vielen anderen Schwulen. Das war das Schöne an Freddie. Er sagte sich: ›Ich mag Männer, na und?‹ Nie machte er eine Staatsaffäre daraus. Natürlich gab es auch viele Männer, die es nur auf den Star Freddie Mercury abgesehen hatten, aber das war nie ein Problem für ihn. Er wurde gut damit fertig, weil er es nicht so verbissen sah, sondern sein Leben einfach genoß.«

Paul Prenter, Mercurys ehemaliger persönlicher Manager, arbeitete neun Jahre lang mit dem Sänger zusammen und erlebte dessen amouröse Abenteuer aus erster Hand mit. Auch Prenter wurde später ein Opfer der heimtückischen Krankheit – er starb drei Monate vor Mercury. Der Sänger war außer sich vor Wut, weil Prenter seine Story dem Sensationsblatt *The Sun* verkauft hatte. Darin erzählte er von Mercurys Liebschaften und seinen ausgedehnten Barbesuchen, von denen er meist erst in den frühen Morgenstunden heimgekehrt war – und selten allein. Um sich aufzuputschen, so Prenter, hätte sich Mercury mit Kokain vollgepumpt. Oft sollen er und seine Freunde sich für 5000 £ in der Woche die Modedroge reingezogen haben, um so die anstrengenden Nächte durchstehen zu können.

Prenter behauptete, daß Mercury in all den Jahren mit keiner Frau mehr geschlafen habe. Er wußte ferner zu berichten, daß zwei frühere Liebhaber Mercurys, Tony Bastin, den er in einem Schwulenclub im englischen Seebad Brighton kennengelernt hatte, und John Murphy – ein Steward, der Mercury auf einem Flug nach New York nähergekommen war – an AIDS gestorben wären. Nach deren Tod soll Mercury vor Entsetzen wie gelähmt gewesen sein und Prenter seine Ängste bezüglich der Krankheit anvertraut haben.

Nachdem er 1985 München Hals über Kopf verlassen hatte, wurde Mercury nach Aussage von Barbara Valentin ein anderer Mensch. Er blieb lieber zu Hause in seiner Villa in Kensington, statt durch Bars zu ziehen und neue Männer kennenzulernen. Vielen von Mercurys Freunden blieb diese plötzliche Veränderung nicht verborgen, aber sie wußten nicht so recht, was sie davon halten sollten – er schien auf einmal ein ganz anderer Mensch geworden zu sein. Aber der Sänger tat das Ganze mit einer simplen Erklärung ab: »Ich liebe das Extreme – heute schwarz, morgen weiß. Halbe Sachen mag ich nicht. Grau hat nie zu meinen Lieblingsfarben gehört.«

Damit schloß sich das Kapitel seiner hektischen, nervenaufreibenden Tage, die ihn um die ganze Welt geführt hatten, und der mit sexuellen Abenteuern und Ausschweifungen erfüllten Nächte. Nach zwischenzeitlichem Aufenthalt in München, New York und der Schweiz entschloß er sich, nach London überzusiedeln. Er bezog seine herrschaftliche Villa in Kensington und begann, sich nach und nach vom Rest der Welt zu absentieren. Seine letzten Jahre wollte er in Ruhe und Abgeschiedenheit mit einem ehemaligen Friseur teilen – Jim Hutton war Freddies letzter Begleiter, und bis zum bitteren Ende hielt er dem Sänger die Treue.

Es waren nicht viele Frauen, die in Mercurys Garten des Lebens geblüht haben – doch bildete die ehemalige Geschäftsführerin einer Boutique, Mary Austin, eine Ausnahme der ›Nur Männer‹-Regel.

Die zierliche blonde Mary war in der Tat seine engste Freundin. Das Paar hatte sich Anfang der siebziger

Jahre kennengelernt, und ihre gemeinsame Freundschaft währte bis zu Mercurys tragischem Tod. Ihre
Wege hatten sich in der ›Biba‹-Boutqie (Church Street,
Kensington) gekreuzt, nur wenige Schritte von Mercurys Marktstand entfernt.

›Biba‹ war *die* Boutique der späten sechziger und frühen siebziger Jahre. Aber ›Biba‹ war nicht nur ein Klei-
derladen, es war eine Institution. Die Jugendlichen
strömten in den von Weihrauchdüften geschwänger-
ten, mit Farnkräutern dekorierten Laden und kauften
alles, was nach Meinung der Besitzerin, Barbara Hula-
nicki, gerade ›in‹ war. Das Angebot wirkte altmodisch,
war aber stets topaktuell und in den exotischsten Far-
ben gehalten. Obwohl es sich in erster Linie um eine
Damenboutique handelte kamen auch Männer und
kauften T-Shirts, Unterwäsche, Jacken und Pullover in
der hermaphroditischen Mode der damaligen Zeit.
Auch Mercury gehörte zu den regelmäßigen Kunden,
und Mary Austin war eines der unglaublich hübschen
Mädchen, die mit kastanienbraun geschminkten Lippen und dazu passenden Strumpfhosen in dieser ver-
staubt wirkenden, aber eleganten Atmosphäre arbeiteten.

Später zog das Geschäft in das alte ›Derry & Toms‹-
Gebäude (High Street, Kensington), in dem sich später
auch der Roof Gardens Club etablierte und eines Tages
Schauplatz einer wüsten Mercury-Orgie werden sollte.
Nach dem Umzug ins ›Derry & Toms‹ nahm ›Biba‹ für
sich den Ruf der größten Boutique der Welt in Anspruch. Auf fünf Etagen und 20000 Quadratmeter Ver-
kaufsfläche wurde ›Stil‹ mit einem ganz großen ›S‹ geschrieben; staunende Touristen kamen aus der ganzen
Welt. Allerdings hatte der Laden in der Church Street
etwas Intimes und Sinnliches an sich gehabt, das ver-
mißte man natürlich in dem Geschäft in der High

Street. Darüber hinaus war der alte Laden ein idealer Ort zum Anbandeln gewesen.

Mercury erzählte mir: »Ich habe Mary etwa 1970 kennengelernt, und seitdem verbindet uns eine wunderbare Freundschaft. Wir begegneten uns in der ›Biba‹-Boutique, wo sie gearbeitet hat. Ich war vom ersten Moment an ein ›Biba‹-Freak, lange bevor daraus ein Kaufhaus wurde. Damals war es noch eine kleine Boutique.

Wir standen uns näher als jeder andere, doch nach sieben gemeinsamen Jahren haben wir uns getrennt. Ich treffe sie aber noch sehr häufig und mag sie so wie am ersten Tag. Sie wohnt nur zwei Minuten von mir entfernt.«

Als Mercury im Sterben lag, wachte Mary fast täglich an seinem Bett. Sie war es auch, die den verzweifelten Eltern die Nachricht vom Tod ihres geliebten Sohnes überbrachte.

Mercury und die zierliche, blauäugige Schönheit hatten in einer Rumpelkammer von Wohnung (Holland Park, Kensington) nur einige Minuten von ihrem Arbeitsplatz entfernt zusammengelebt. Nachdem sich Mercury zu seiner homosexuellen Veranlagung bekannt hatte, war seine Beziehung zu Mary dann nur noch platonischer Natur gewesen. Aber auch Freddies zahlreiche Affären – manche flüchtig, manche dauerhaft – taten ihrer Freundschaft keinen Abbruch. Über seine Beziehung, die vielen Leuten vollkommen absurd vorkam, sagte er: Wir beide verstehen uns blind. Und sie gibt mir die Freiheit, die ich brauche. Ich tauge nicht zum braven Familienvater, dafür bin ich viel zu nervös und reizbar.

Mary redete mir nicht rein in mein Leben. Allerdings kommt so viel Verständnis auch nicht über Nacht. Sie hat gelernt, nicht eifersüchtig auf mich zu sein. Wir haben gemeinsam viele Höhen und Tiefen durchlebt, aber das schweißt nur noch enger zusammen. Ich weiß, daß viele Leute unser Verhältnis nicht so richtig nachvollziehen können. Gewiß, es ist ungewöhnlich, aber wer an unserem Leben teilhaben will, muß es akzeptieren, so wie es ist. Wir lieben uns sehr und sind einer für den anderen da.«

Mary selbst hat einmal gesagt, daß sie bestimmt geheiratet hätten, wäre Mercury heterosexuell gewesen, und tatsächlich hatte das Paar schon Hochzeitspläne geschmiedet. Wenn Mercury in melodramatischer Stimmung war, hat er wiederholt erklärt, daß Mary seine einzige Freundin wäre und daß er ihr nach seinem Tod den Großteil seines auf etwa achtzig Millionen Mark geschätzten Vermögens hinterlassen würde. Dies waren nicht nur leere Worte: Mercury kümmerte sich wie ein guter Ehemann um Marys finanzielle Absicherung. Nach ihrer Trennung kaufte er ihr eine elegante 4-Zimmer-Wohnung, und zwar ganz in der Nähe seiner Villa, damit sie sich auch in Zukunft jeden Tag sehen konnten. Bei Mercurys Tod war es Austin, die die bewegendsten Worte fand: »Ich verspüre unsagbaren Schmerz und ein unendliches Gefühl der Leere – und ich bin sicher, vielen seiner Anhänger ergeht es ebenso. Nie habe ich aufgehört, Freddie zu lieben, und ich bin fest davon überzeugt, auch Freddie hat mich immer geliebt.«

Da sich Mercury mehr dem starken Geschlecht zugewandt hatte, mußte sich Mary anderweitig schadlos halten. Sie hatte eine vierjährige Beziehung mit dem Musiker Jo Burt, einem ehemaligen Mitglied aus Tom Robinsons Band Sector 27, anschließend ein Verhältnis mit einem Innenarchitekten namens Piers Cameron. Aber in ihren Gedanken war Mercury stets bei ihr, und die beiden sahen sich fast täglich. Mercury, von dem sich Mary immer ein Kind gewünscht hatte, übernahm dann auch die Patenschaft für Marys Sohn Richard und überschüttete den Kleinen mit einer Flut von Geschenken. Mercury hatte die Schuld für das Ende ihrer Beziehung stets auf die ständigen Tourneen der Band geschoben und gesagt, daß man unterwegs den ›verschiedensten Einflüssen‹ ausgesetzt sei und ihnen offen gegenüberstehen müsse. Das war eine für Mercury typische Verharmlosung der Tatsache, daß von nun an männliche Liebhaber sein Leben ausfüllen sollten. Paul Prenter, Mercurys ehemaliger Manager, bemerkte hinsichtlich Mercurys Veranlagung, daß man den Star eher auf dem Wasser wandeln als mit einer Frau zusammen sehen würde.

Nach eigenem Geständnis Mercurys war ein Leben mit ihm nicht leicht: »Es gibt immer wieder Reibereien. Eine Beziehung mit mir ist kein Zuckerschlecken.« Das war es wirklich nicht, aber Mary wurde besser als die meisten mit dem eigenwilligen Star fertig.

Viele von Mercurys Freunden fanden seine Beziehung mit Mary absonderlich. Sein erster Agent, Tony Brainsly, sagte: »Zu Beginn meiner Arbeit mit Freddie war er schon mit Mary zusammen. Sie schienen sich sehr nahezustehen, aber ich fand das Verhältnis merkwürdig, denn er war ja stockschwul. Aber Mary half Freddie, wo sie nur konnte – bei seiner Garderobe, seinem Bühnen-Outfit und seinem Make-up. Sie war unbezahlbar.« Tony Pike, Besitzer des herrlichen Hotels auf Ibiza, in dem Mercury seit Mitte der achtziger Jahre regelmäßig Urlaub gemacht hatte, meinte andererseits: »Mary und Freddie waren ein Herz und eine Seele, fast unzertrennlich. Mir kam das gar nicht seltsam vor, ich konnte es verstehen. Ich kannte viele scheinbar ›normale‹ Männer – sie waren sogar verheiratet und hatten Kinder –, die später schwul geworden sind.« Und Peter Straker, ein langjähriger Freund von Mercury, be-

Vor Tausenden von begeisterten Fans bei einem Konzert in Newcastle, 1986. *(Photo: S. I.)*

Ein grandioser Auftritt in den Victoria-Docks im Londoner East End. *(Photo: Daily Mail)*

Freddie auf Ibiza beim Training seiner unorthodoxen Rückhand.
(Photo: Eugene Adebari)

merkte: »Freddie und Mary vergötterten einander geradezu. Daran gab es nicht den geringsten Zweifel.«

Viele Leute waren verwirrt, weil Mary nicht in die stereotype Rolle paßte, die Frauen normalerweise spielen, wenn sie homosexuellen Männern nahestehen. Aber Mercury war ja stolz darauf, nie etwas ›Normales‹ gemacht zu haben, und sein Verhältnis mit Mary entsprach gewiß nicht dem herkömmlichen Klischee. Sie war weder ein ›beard‹, so nennt man eine angebliche Freundin, die ein Schwuler vorzeigt, um seine Homosexualität zu verbergen und normal zu erscheinen, noch war sie ein ›fag hag‹ (wörtlich: ›Schwulenhexe‹) – die Art von Frauen, mit denen sich Homosexuelle gern umgeben, für die sie aber keine echten Gefühle aufbringen können. Nein, ihre Beziehung war genauso innig und herzlich wie seine zahlreichen Männerbekanntschaften – obwohl die Flamme der Erotik längst erloschen war.

Mary gab dem Star Sicherheit, ohne gleichzeitig seine Freiheit und sein wildes Treiben einzuschränken. Sie war immer für ihn da, wenn er sie brauchte. Doch spielte sich ihre Beziehung nicht nur auf emotionaler Ebene ab. Anfangs war es Mary, die Mercury zu dessen extravagantem Äußeren ermutigte, die ihm zeigte, wie man sich schminkt und den schwarzen Nagellack aufträgt, der in jenen frühen Queen-Tagen sein Markenzeichen werden sollte – alles unverzichtbare Elemente, die aus Frederick Bulsara, dem kleinen Verkäufer von ›Second-hand‹-Klamotten eines Tages Freddie Mercury machen sollten, den schillernden Showman der Rockmusik.

Mercury hat einmal gesagt: »Mary und ich, wir beide werden wahrscheinlich zusammen alt und grau. Ich kann mir ein Leben ohne sie nicht vorstellen. Manchmal ist ein guter Freund mehr wert als ein Liebhaber.«

Das war nicht nur einer von diesen flotten Sprüchen, die ihm sonst über die Lippen kamen, wenn er sich in Interviews über Liebe und Freundschaft äußern sollte – eines von diesen geistreichen Bonmots, die ihm aus verzwickten Situationen heraushalfen. Nein, es steckte mehr Wahrheit und Ehrlichkeit in diesem Satz als in den meisten seiner wie üblich verblüffenden Antworten. Er und Mary wären bestimmt zusammen ›alt und grau‹ geworden, hätte ihnen nicht die furchtbare Krankheit einen Strich durch die Rechnung gemacht.

Die andere Frau in Freddie Mercurys Leben war eine vollbusige, dreimal geschiedene deutsche Schauspielerin. Mercury hat Barbara Valentin in seiner Wahlheimat München kennengelernt, nachdem es ihm in London zu eng geworden und er in die bayerische Metropole gezogen war. In München, einer Stadt mit einer lockeren Atmosphäre und einer lebendigen Schwulenszene, konnte er sich so richtig gehen lassen, ohne Angst vor kritischen oder neugierigen Blicken haben zu müssen.

Mercurys und Barbaras Wege hatten sich durch Zufall in einer Homosexuellen-Bar, dem ›New York‹, gekreuzt, und die beiden fühlten sich sogleich zueinander hingezogen. Nicht zuletzt wegen ihrer Zusammenarbeit mit dem Filmregisseur Rainer Werner Fassbinder erfreute sich die Valentin in der Schwulenszene einer großen Beliebtheit. Mercury fand sie äußerst faszinierend, und sie war gleichermaßen von Freddies Charisma und *joie de vivre* angetan.

Die erste Begegnung endete damit, daß Mercury die üppige Schauspielerin auf die Damentoilette begleitete, wo sie abseits des Trubels miteinander plaudern konnten. Die Valentin saß auf der Toilette, und Mercury hatte sich, mit einem Glas seines russischen Lieblingswodkas in der Hand, neben sie gehockt. Wie zwei gute Freunde, die sich lange nicht mehr gesehen haben, unterhielten sie sich in dieser ungewohnten Umgebung über ihr Leben.

Die Schauspielerin (über siebzig Filme), die sich mit Mercury in München dann eine Wohnung geteilt hatte, erzählte über ihre erste Begegnung: »Es war reiner Zufall. Er war mit vielen Leuten in der Bar, und ich war auch mit vielen Leuten da. Einen seiner Begleiter habe ich unabsichtlich mit meiner Zigarette verbrannt, und der schrie mich an. Dann entschuldigte er sich und fragte, ob ich mit seinem Freund etwas trinken wolle – und dieser Freund war Freddie.

Wir machten uns miteinander bekannt, und schon war's passiert. Die nächsten vierundzwanzig Stunden lang hörten wir kaum auf zu reden. Stundenlang saßen wir auf der Toilette und quatschten, denn da war es so angenehm ruhig. Danach sind wir zu mir gegangen und haben weitergeplaudert. Mitten in der Nacht rief er aus meiner Wohnung sogar seinen Freund an, damit der sich keine Sorgen machte. Wir sprachen über Gott und die Welt – ich erzählte ihm von meinem Leben, und er erzählte über seines. Ich fand ihn ungeheuer interessant, einfach faszinierend.«

Sie schwelgten in ihrer Vergangenheit, sprachen über Liebe und Enttäuschungen und über ihre Hoffnungen für die Zukunft. Als sie schließlich doch zum Ende gekommen waren, öffnete Barbara Valentin die Klotür, und die beiden gingen Hand in Hand zurück in die Bar, die aber inzwischen menschenleer und abgeschlossen war. Sie plauderten weiter, bis schließlich die Putzfrau erschien und sie hinausließ.

Dies war der Beginn einer wunderbaren, wenn auch ungewöhnlichen Freundschaft. Jahre später sagte die Valentin: »Freddie und ich hatten keine normale Beziehung. Er war schwul, und ich mag Männer. Aber trotz-

dem waren wir verliebt.« Ihre gegenseitige Zunei-
gung ging so weit, daß sie sich sogar eine gemeinsame Wohnung kauften, die sie so lange miteinander
geteilt haben, bis Mercury eines Tages genug hatte
von München und wieder nach London zog.

Während dieser drei Jahre waren er und Barbara
unzertrennlich. Bei einer Party in München – Anlaß
war die Veröffentlichung des Queen-Albums *The
Works* – war sie auch dabei, und während unseres Interviews sagte er zu mir: »Siehst du das Mädel mit
den Riesentitten? Das ist Barbara. Sie war mal die Bri-
gitte Bardot von Deutschland – und ist einfach um-
werfend.« Das war sie im wahrsten Sinne des Wor-
tes. Wenn Mary Austin scheu und zurückhaltend
war, so verkörperte Barbara genau das Gegenteil.
Wie Freddie genoß sie das Leben in vollen Zügen.
Gemeinsam machten sie die Münchner Schwulen-
Bars unsicher, wo Mercury die Männer wie ein Ma-
gnet anzog. Manchmal landeten Barbara, Mercury
und seine neueste Eroberung alle zusammen im Bett,
bei anderen Gelegenheiten waren sie aufeinander eifersüchtig. Einmal wurde Mercury sogar handgreif-
lich und verprügelte einen Mann, der Barbara schöne
Augen gemacht hatte.

Die meisten ihrer nächtlichen Abenteuer endeten
in dekadenten Orgien und wüsten Ausschweifungen.
Diebisches Vergnügen bereitete Mercury folgendes
Spielchen: Er holte sich ein paar gutgewachsene
Mannsbilder in die Wohnung, forderte sie auf, sich
nackt auszuziehen, verpaßte ihnen elegante Damen-
hüte und setzte sie in dieser Aufmachung – nackend
ohne Hemd mit Hut – vor den Fernseher. Dann legte
Mercury ein Video eines seiner Lieblingsfilme ein
(›The Women‹) und schrie vor Entzücken laut auf,
wenn auf dem Bildschirm eine Frau erschien, die eine

ähnliche Kopfbedeckung trug wie einer von seinen nackten Jünglingen.

Barbara, die auch mit fünfzig Jahren noch äußerst verführerisch wirkt, sagte, Mercurys animalische Triebe wären unersättlich gewesen. Er war besonders hinter starken Männern mit großen Händen her – sie nannte sie ›Trucker-Typen‹. Manche Männer waren nur für wenige Stunden interessant; bei anderen, wie dem Münchner Barkeeper, mit dem Mercury sogar Ringe ausgetauscht hatte, verfolgte er ernstere Absichten. Aber die Valentin ist der festen Überzeugung, daß ihre gemeinsame Liebe, trotz der unzähligen Männer in seinem Leben, inniger gewesen sei als irgendeine seiner anderen Münchner Liebschaften. Nach seinem Tod sagte sie in einem Interview mit der Illustrierten *Bunte*: »Ich war nicht eifersüchtig. Schließlich war ich länger mit ihm zusammen als irgendwer sonst.«

Manchmal ärgerte sich die lebenslustige Schauspielerin über die Muskelprotze, für die Mercury so schwärmte. Sie sagte, ein Mann mit seiner Intelligenz, so witzig und so charmant, solle sich doch nicht einbilden, daß einer von denen der Richtige für ihn oder gar ein gutgebauter Einstein wäre: »Er dankte mir und gab zu: ›Barbara, ohne dich würde ich vor die Hunde gehen.‹ Manchmal waren diese Typen so saudämlich, daß einige nicht mal einen Hauptschulabschluß hatten. Ich versuchte Freddie klarzumachen, daß er sprachlos wäre, wenn er verstehen würde, wie blöde die sind. Daraufhin sagte er scherzhaft, ich solle abhauen, er wolle ja schließlich keine tiefsinnigen Gespräche mit ihnen führen, sondern nur mit ihnen ins Bett gehen. Das war alles. Affären für eine Nacht waren ihm am liebsten, weil sie so locker und unkompliziert abliefen.«

Zuweilen konnten andere Männer Anlaß zu Eifersuchtsszenen geben. Barbara erzählte: »In einer Bar fing ein Typ mal an, mir hinter der Theke in einem der Spülbecken die Haare zu waschen. Freddie wurde eifersüchtig und haute ihm eine runter. Ein andermal flirtete ich mit einem Fremden, da wurde Freddie so wütend, daß er mir eine schallende Ohrfeige verpaßte. Aber dieser Schlag ins Gesicht war für mich wie ein Strauß Rosen, weil er mir damit bestätigte, wie sehr er mich mochte. Unsere Beziehung war schwer nachvollziehbar, und ich erwarte nicht, daß sie jemand versteht.«

Überall auf der Welt hatte das Paar seinen Spaß. In Rio, wo die Queens die Hauptattraktion des ›Rock in Rio‹-Festivals waren, gelang es Mercury mit Barbaras Hilfe, einen Sicherheitsbeamten völlig nackt auszuziehen und seine Uniform aus dem Hotelfenster in den Swimming-pool zu werfen. Der Wachmann war lediglich in die luxuriöse Hotelsuite gekommen, um sich nach Mercurys Wohlbefinden zu erkundigen, und sah sich nun unvermittelt Freddies Anwandlungen ausgesetzt, die den Sänger von einem Augenblick zum anderen befallen konnten. Als er so im Adamskostüm vor den beiden stand, kicherte Mercury und sagte: »Oh, yeah, das ist Rock and Roll.« Dank Freddies ungeheurer Ausstrahlung verzichtete der verwirrte Wachmann darauf, dem Star die vorstehenden Zähne auszuschlagen, die immer ein wenig an Walt Disneys ›Goofy‹ erinnerten. Statt dessen ließ er sich von Mercury und der Schauspielerin auf einen Drink einladen.

In der gemeinsamen Luxuswohnung entledigte sich Mercury gern seiner Kleidung und schlüpfte in Barbaras Kostüme und hochhackige Schuhe, wobei er noch aufsehenerregender wirkte als bei seinen Bühnenauftritten. Der Sänger hatte wirklich etwas von Dr. Jekyll und Mr. Hyde an sich; manchmal geriet er dermaßen in Rage, daß er mit seinem kostbaren Mobiliar um sich schmiß und dabei so lautstark tobte, daß seine Stimme auch ohne Mikrofon und Verstärker die Wände wakkeln ließ. Eine Stunde später war dann alles vergessen, und er pflanzte mit seinen zarten, fast weiblichen Händen eine Rose oder sprach in liebevollem Ton mit den Begonien. Bei einem dieser Anfälle trug Mercury schwere Verletzungen davon, als er wie in Trance anfing, mit seinem Kopf gegen die Heizung zu schlagen, bis alles voller Blut war. Bei einer anderen Gelegenheit mußte Barbara Valentins Sekretär zu Hilfe eilen, als sich Mercury über seine Freundin hergemacht hatte und sie im Schlaf erwürgen wollte. »Freddie wußte in diesen Momenten nicht, was er tat«, sagte sie später der *Bunten*. »Er war wie weggetreten.«

Aber meistens zeigte sich der Sänger von seiner sanften und liebevollen Seite. »Im Grunde war Freddie sehr romantisch veranlagt. Oft spielte er zwar den harten Kerl, aber das war nicht sein eigentliches Ich. Er war gutmütig, sanft, sehr menschlich und konnte genau zwischen Recht und Unrecht unterscheiden. Sehr vielen Menschen hat er geholfen. Falschheit und Heimtücke waren für ihn Fremdwörter. Viele Leute, die so berühmt und erfolgreich sind wie er, würden einem das Messer in den Rücken rammen, sobald man sich umdreht, aber das hat Freddie nie getan. Er war immer aufrichtig.

Es gab Augenblicke, da fühlte er sich einsam, und dann sagte er zu mir, wie sehr er das Alleinsein hasse. In solchen Momenten sprachen wir bis tief in die Nacht über unsere Probleme. Wenn ich ihm von meinen Schwierigkeiten erzählte, hörte er aufmerksam zu und war ehrlich betroffen, aber meistens half mir sein unerschütterlicher Humor wieder auf die Beine. Dann konnte er zu mir sagen, ich wäre eine dumme Gans, ich solle mich verpissen und ihn in Ruhe lassen, bis ich wieder zur Vernunft käme. Und er hatte immer recht. Wir konnten stundenlang nur reden, reden, reden.

Sehr liebevoll und aufmerksam konnte er außerdem sein. Als ich mal krank war und das Bett hüten mußte, wich er nicht von meiner Seite. Ich bat ihn, das Zimmer zu verlassen, denn ich konnte kaum schlafen, weil er mich so treuergeben ansah, aber er weigerte sich strikt, mich alleine zu lassen. Ein weiteres Beispiel: Während seiner Zeit in München mußte eine seiner Katzen, die er in London zurückgelassen hatte, operiert werden. Als das Tier danach starb, verlor Freddie fast den Verstand und brach in eine wahre Flut von Tränen aus. Gleich am nächsten Morgen flog er nach Hause, um bei der Beisetzung der Katze dabei zu sein.

Im letzten Sommer war auch einer von seinen prachtvollen, goldglänzenden Koi-Karpfen verletzt worden, und Freddies Freund Jim versuchte, die Wunde zu heilen, hatte aber keinen Erfolg. Am Ende mußte er den Fisch töten, um ihn von seinen Leiden zu erlösen. Wir unterhielten uns gerade, als Jim hereinkam und die traurige Nachricht überbrachte. Stellen Sie sich vor, Freddie fing wegen des Karpfens zu weinen an. Die Tränen kullerten ihm über die Wangen.«

Im Jahr 1985 änderte sich alles schlagartig, nachdem sich Mercury entschlossen hatte, München zu verlassen und nach London zurückzukehren. Er nannte der verwirrten Schauspielerin keinerlei Gründe für seine überstürzte Abreise, und sie wunderte sich, warum Freddie nicht länger in der Stadt bleiben wollte, wo er doch so viele lustige Tage erlebt hatte. »Ich wußte, daß irgend etwas mit Freddie nicht stimmte«, sagte sie nach seinem Tod. »Ich wußte, er hatte AIDS.«

In London wurde aus der prachtvollen Rose der Rockmusik dann ein welkendes Veilchen, dem die Gegenwart seiner Blumen, Katzen und Fische nun mehr bedeutete als Partys, Kneipentouren und Sex. Er war nur noch ein Schatten des Mannes, der die Valentin in der Münchner Schwulen-Disko so fasziniert hatte.

Ein Wiedersehen gab es für das Paar 1987, als die Schauspielerin nach Spanien gereist war, um Mercurys Opernduett ›Barcelona‹ mit Montserrat Caballé mitzuerleben. Die Valentin bemerkte mit Schrecken einen dunklen Fleck in seinem Gesicht. Viele enge Freunde der Schauspielerin waren schon an AIDS gestorben, daher wußte sie, daß es sich um das Kaposi-Syndrom handelte, eines der Anzeichen der tödlichen Krankheit. »In mir brach eine Welt zusammen. Ich sah Freddie an, er sah mich an. Wir sprachen kein Wort, aber ich kannte die Wahrheit. Dann habe ich zu ihm gesagt, daß er so nicht auf die Bühne gehen könne und habe ihm beim Schminken geholfen.«

In den folgenden Monaten breiteten sich die Flecken weiter aus – über Nase, Hals, Schultern, Beine und Füße. Wie seine engste Freundin, Mary Austin, so bestätigte auch die Valentin, daß er furchtbare Qualen erdulden und zu schmerzstillenden Mitteln greifen mußte, aber nie gejammert und mit seinem Schicksal gehadert habe. Angeblich besuchte ihn die Schauspielerin auch heimlich im Krankenhaus – einmal lag er wegen einer Bluttransfusion dort. In der Schweiz gingen beide in eine Kirche, wo sie gemeinsam niederknieten und für das Wunder beteten, das aber niemals Wirklichkeit wurde.

Mercury fand Trost in den Besuchen seiner Freundin, der er einst so nahegestanden hatte, und er sagte, daß er sich freue, wenn er Barbara sehe, denn sie mache ihn wieder glücklich. Bei ihrem letzten Besuch im Sommer 1991 spielte ihr Mercury ›The Show Must Go On‹ vor, die letzte Single von Queen, die noch zu seinen Lebzeiten erschien. Sie wurde im Oktober 1991 veröffentlicht. Fast zum Skelett abgemagert, lag er in seinem riesigen Himmelbett. Sie saß an seiner Seite, und gemeinsam schwelgten sie in vergangenen Zeiten und betrachteten sich alte Fotos, die Mercury in einem Schuhkarton aufbewahrt hatte.

Mercury, der einst tage- und nächtelang hatte durchfeiern können, war jetzt schwach und müde, und der Tod stand ihm ins Gesicht geschrieben. Barbara verließ mit Tränen in den Augen das Haus. Sie wußte, daß die glücklichen Zeiten, die sie miteinander verlebt hatten, ein für allemal vorbei waren. Einige Wochen später schickte sie ihm einen Schlüssel aus 18-karätigem Gold – den Schlüssel zu ihrer gemeinsamen Wohnung und zu Tagen, die unwiderruflich der Vergangenheit angehörten.

Kapitel 9

MERCURY... UND ANDERE STARS

Künstlerische Zusammenarbeit

»Das Talent will raus, mein Lieber.«

Freddie Mercury liebte die Gegenwart interessanter Leute, er war ehrgeizig und allem Neuen gegenüber aufgeschlossen, ideale Voraussetzungen also für eine schaffensreiche Karriere, besonders im Hinblick auf eine fruchtbare Zusammenarbeit mit anderen Künstlern. Unter den ganz Großen der Unterhaltungswelt fühlte er sich wohl, und viele von ihnen waren oft- und gerngesehene Gäste bei seinen Partys. Obwohl er sich für die absolute Nummer Eins hielt und der größte Rockstar der Welt sein wollte, sah er in seinen Rivalen niemals eine Bedrohung, sondern eher einen Antrieb, seine Karriere in neue Bahnen zu lenken. Mercury war ein unermüdlicher Arbeiter, darum beschränkte er sich nicht auf die gemeinsamen Produktionen mit seiner Band, er ging auch eigene Wege. Gern tat er sich auch mit anderen Künstlern zusammen. Sein wohl gewagtestes Projekt war der Auftritt mit der spanischen Operndiva Montserrat Caballé, am interessantesten aber die gegenseitige Ergänzung mit Leuten wie David Bowie, dem Chamäleon der Rock- und Popszene, oder dem exzentrischen Michael Jackson.

In der Schweiz, wo beide einen Großteil ihrer Zeit verbracht haben, waren Mercury und Bowie zusammengekommen, um in den ›Mountain‹-Studios, wo die

Band gerade an ihrem *Hot Space*-Album arbeitete, den Song ›Under Pressure‹ aufzunehmen – ein tanzträchtiger Titel mit einem hypnotischen Baßriff, der im November 1981 die Nummer eins in England wurde. Neun Jahre später stand eine andere Version von ›Under Pressure‹ an der Spitze der Charts, als Rapper Vanilla Ice das Motiv für seinen Millionenhit ›Ice Ice Baby‹ benutzte. Die Zusammenarbeit mit Bowie kam ganz zufällig zustande, wie Mercury erzählte: »Die Platte war ein reines Zufallsprodukt, mein Lieber. David besuchte uns eines Tages in Montreux im Studio. Aus Spaß spielten wir etwas zusammen. Alles war ganz spontan und ging rasend schnell, aber von dem Ergebnis waren wir beide sehr angetan.

So etwas hatte wahrscheinlich niemand von uns erwartet, aber als Gruppe ist uns viel daran gelegen, Ungewöhnliches zu machen, neue Wege einzuschlagen. Wir wollen uns nicht auf ausgefahrenen Gleisen bewegen oder in einer Sackgasse landen, aber diese Gefahr besteht, wenn eine Gruppe so lange zusammen ist wie wir. Man neigt dann dazu, sich auf seinen Lorbeeren auszuruhen. Die Arbeit wird zur Routine, das Ergebnis langweilig, und das war nie in unserem Sinn.

Es war ein Vergnügen, mit David zu arbeiten; er besitzt ein bemerkenswertes Talent. Als ich ihn am Broadway in der Bühnenfassung von *Der Elefantenmensch* gesehen habe, da reifte in mir der Gedanke an die Schauspielerei. Vielleicht ist das etwas für die Zukunft, aber im Moment denke ich an neue Projekte mit Queen. Wir wollen nicht auf der Stelle treten. Es gibt noch so viele Möglichkeiten zu entdecken.«

Bowie, eine der wandlungsfähigsten Figuren in der Rockwelt, hatte sich in der Schweiz vor den Toren des malerischen Städtchens Montreux ein Haus gekauft, um so dem hektischen, von Drogen und Alkohol bestimmten Leben, das fast seine Karriere zerstört hätte, zu entfliehen. »Die Queens kamen in die Stadt, und ich besuchte sie im Studio«, erzählte er mir. »Wir improvisierten spontan, und schon hatten wir die Grundlage für einen Song. Ich fand die Melodie ganz interessant; auch die Queens waren begeistert, also zogen wir die Sache durch. Mir ging es fast zu schnell, das Ganze dauerte etwa einen Tag, nicht länger. Es wäre schön gewesen, wenn wir uns etwas mehr Zeit dafür genommen hätten.«

Die Früchte aus Mercurys und Michael Jacksons Zusammenarbeit gelangten hingegen niemals an die Öffentlichkeit, sondern verstauben statt dessen in den Archiven. »Wir hatten drei Titel eingespielt«, erzählte mir Mercury, »aber leider wurden sie nie fertiggestellt. Es waren tolle Songs, doch fehlte uns einfach die nötige Zeit. Wir waren damals beide sehr beschäftigt und nie lange genug an einem Ort, um eine Sache zu Ende zu führen. Außerdem sind wir beide gnadenlose Perfektionisten, und halbe Sachen liegen uns nicht.« Einen Song der beiden, ›State Of Shock‹, nahm Michael Jackson dann später im Duett mit Mick Jagger auf. Freddie und Michael arbeiteten vier Tage lang in Jacksons Studio in Los Angeles. Sie waren schon ein seltsames Paar: Während sich Mercurys Leben um Sex und Drogen drehte, war Jacko in dieser Beziehung gänzlich unberührt. Um die anstrengenden Sessions durchzustehen, schnupfte Mercury haufenweise Kokain – anfangs heimlich auf der Toilette, um die Empfindungen des seltsam kindlichen, streng religiösen Stars, für den Drogen, Alkohol und Zigaretten Teufelswerk darstellten, nicht zu verletzen.

Nach einem Queen-Konzert in Los Angeles waren sich Mercury und Jackson näher gekommen. »Er kam uns öfters besuchen«, erzählte Mercury, »und daraus entwickelte sich eine richtige Freundschaft. Wir waren immer an den Arbeiten des anderen interessiert. Ich spielte ihm regelmäßig das neue Queen-Album vor, und er präsentierte mir seine neuen Sachen. Schließlich sagten wir uns: ›Warum machen wir nicht mal etwas zusammen?‹ Ich könnte mir in den Hintern treten, wenn ich mir vorstelle, ich wäre bei *Thriller* (mit über vierzig Millionen Exemplaren das meistverkaufte Album aller Zeiten) dabei gewesen.

Es hat Spaß gemacht, mit Jackson zu arbeiten, denn wir waren ja schon seit längerem befreundet. Dann ist alles wesentlich einfacher, als würde man mit jemandem ins Studio gehen, den man überhaupt nicht kennt. Ein Song hieß ›State Of Shock‹. Michael rief mich sogar an, um zu fragen, ob ich das Stück fertigstellen könne, aber leider war es mir wegen anderweitiger Verpflichtungen nicht möglich, und so kam statt dessen Mick Jagger zum Zuge. Eigentlich war es schade – aber, was soll's, ein Song ist ein Song. Das einzige, was zählt, ist die Freundschaft.«

Mercury machte eine Vielzahl von ›geheimen Aufnahmen‹, die nicht für die Öffentlichkeit bestimmt waren. Höchst erstaunlich war seine Zusammenarbeit mit Wayne Eagling, dem ehemaligen Solotänzer des Königlichen Balletts – ein enger Freund Mercurys, der den Sänger zu einer Balletteinlage auf der Bühne überreden konnte. Eagling hatte auch die choreographische Leitung beim Queen-Vido *I Want To Break Free*. »Freddie kam oft zu meinen Auftritten im Covent Garden, und ich habe ihn häufig auch live auf der Bühne erlebt. Wir wurden gute Freunde und haben sogar gemeinsam eine sanfte Rocknummer mit dem Titel ›No, I Can't Dance‹ aufgenommen. Das Singen war eine schreckliche Qual für mich – das Herz schlug mir bis zum Hals. Aber es hat riesigen Spaß gemacht, mit Freddie so etwas durchzuziehen; ich habe immer noch die Kassette ›unseres gemeinsamen Auftritts‹.

Mercury überraschte ständig mit neuen Ideen, er war ein Energiebündel, das pausenlos mit zukünftigen Projekten beschäftigt war. Eagling erinnert sich: »Uns schwebte eine Video-Parodie vor, in der die größten Ballettänzer aller Zeiten, einschließlich Nurejew und Fonteyn, in der Disko abrocken.« Dieses Ereignis hätte Geschichte gemacht, wäre es dazu gekommen.

Ein Teenagerschwarm aus den sechziger Jahren war der einzige, der Freddie Mercury zur Seite stand, als der Sänger nach langem und tapferem Ringen seiner teuflischen Krankheit erlag. Dave Clark, ehemaliger Kopf der Dave Clark Five, einer Sixties-Band aus London, war seit Mitte der siebziger Jahre eng mit dem Sänger befreundet und besuchte ihn regelmäßig, besonders natürlich während der letzten tragischen Monate.

Mercury hatte sich seine Sterbeszene sicherlich etwas anders vorgestellt. Umgeben von seinem engsten Gefolge, das mit feinstem Champagner und edelstem Kaviar die letzten Augenblicke verschönte – das wäre der angemessene Rahmen für den Prunk und Pomp liebenden Star gewesen, ein würdiger Abgang für einen wahren Pop-Monarchen. Statt dessen verließ er in aller Stille diese Welt. Andererseits hatten seine engsten Freunde nicht mit diesem plötzlichen Ende gerechnet, obwohl sie alle wußten, daß Mercury seinen Kampf gegen AIDS verlieren würde. Viele von ihnen, darunter auch Clark, hatten geglaubt, er würde noch das Weihnachtsfest in seiner prächtigen Villa feiern können.

So starb Mercury ohne den Beistand seiner engsten Freunde – ohne seinen treuen Diener Peter ›Phoebe‹ Freestone, ohne seinen Koch Joe Fanelli, ohne seinen Liebhaber Jim Hutton, ohne seine ehemalige Freundin Mary Austin, ohne seinen Manager Jim Beach, ohne die Mitglieder seiner Band und ohne einen seiner ältesten Freunde, Peter Straker. Sein Arzt hatte das Sterbebett einige Minuten vor Freddies Tod verlassen. Auch seine Familie war nicht bei ihm; Freddies Eltern ereilte die traurige Nachricht fernab ihres Sohnes in ihrem Häuschen in Feltham vor den Toren Londons.

Nur ein Popidol aus längst vergangenen Tagen war bei ihm und hielt Mercurys dürre, abgemagerte Hand, als dieser sein Leben aushauchte.

Dave Clark hatte in den sechziger Jahren reihenweise Hits (›Glad All Over‹, ›Bits And Pieces‹, ›Red Balloon‹ und viele andere), mit denen er und seine Band der Invasion aus Liverpool (Beatles, Billy J. Kramer, Gerry & The Pacemakers u. a.) den Kampf angesagt hatten. Clark, geboren 1942 in Tottenham im Norden Londons, ein früherer Stuntman mit zigeunerhaften Zügen, hatte im Alter von gerade sechzehn Jahren seine Band gegründet, mußte jedoch bis 1963 warten, bis er mit einer Cover-Version des alten Contours-Hits ›Do You Love Me?‹ ersten Ruhm einheimsen konnte und in jenem Jahr Platz dreißig in den Charts erreichte.

Mit zahlreichen Hits hatte Clark für Furore gesorgt, aber sein Ehrgeiz war damit nicht gestillt. Wenn er und seine Musik eines Tages nicht mehr gefragt waren, wollte er sein Schäfchen längst im trockenen haben und nicht wie so viele seiner Kollegen als Relikt enden und sich mehr schlecht als recht durchs Leben schlagen müssen. Zu einer Zeit, als viele Popstars nach Strich und Faden ausgenommen wurden, erwies sich Clark als tüchtiger Geschäftsmann. Bereits 1967 hatte er seine eigene Filmgesellschaft gegründet, die ›Big Five Films‹, und unter anderem eine Dokumentation über den erfolgreichen Werdegang seiner Band gedreht. Dave Clark hat es dank seines ausgeprägten Geschäftssinns im Laufe der Jahre zum mehrfachen Millionär gebracht

Hochschulabsolventen. *Von links:* Roger Taylor (Abschluß in Biologie), Brian May (Physik), Freddie Mercury (Graphikdesign) und John Deacon (Elektrotechnik). *(Photo: Famous)*

Freddie im Gespräch mit dem Autor – Achtung, Aufnahme! *(Photo: Famous)*

Nach einem klassischen Triumph: Freddie mit Montserrat Caballé. *(Photo: Famous)*

Peter Straker und Madame Jo Jo mit Freddie. *(Photo: Famous)*

und lebt heute sorgenfrei in einem luxuriösen Apartment im exklusiven Londoner Stadtteil Mayfair.

Clark hatte sich auch als Schauspieler versucht und sogar die angesehene Central School of Drama absolviert. Er erkannte aber, daß seine wahre Stärke auf einem anderen Gebiet lag und wurde mit der Zeit ein erfolgreicher Manager im Musikgeschäft. Sein wohl größter Coup gelang ihm mit dem Erwerb der Rechte von ›Ready Steady Go‹, einer der beliebtesten Popsendungen im englischen Fernsehen, in der er und seine Band regelmäßig aufgetreten waren. Nachdem er jahrelang mit großem Erfolg hinter den Kulissen tätig gewesen war, rückte er 1986 wieder ins Rampenlicht: mit dem von ihm selbst geschriebenen und komponierten Musical *Time* feierte er spektakuläre Erfolge im Londoner West End.

Clark, noch immer ein gutaussehender Mann, erinnert sich: »Als Freddie starb, war ich als einziger bei ihm. Er ist ganz friedlich eingeschlafen, aber es kam dennoch völlig unerwartet. Sein Arzt war einige Minuten vorher gegangen; hätte er geahnt, daß es zu Ende geht, wäre er bestimmt geblieben. Keiner von uns hatte es erwartet, es geschah einfach. Für uns alle war es ein Schock, weil sein Tod so plötzlich eintrat. Ich hatte geglaubt, er würde noch das Weihnachtsfest erleben.

Nun, ich denke, daß jeder, der eines natürlichen Todes stirbt, seine Freunde um sich haben möchte, aber niemand war in diesem Augenblick darauf vorbereitet. Hätten wir gewußt, daß Freddie nur noch wenige Stunden zu leben hatte, wären seine Eltern bei ihm gewesen, um ihm Beistand zu leisten. Aber, wie gesagt, sein Tod kam völlig unerwartet.«

Mercury behielt bis zum Ende seine Würde.« Freddie war unglaublich tapfer, er wollte niemandem zur Last fallen. Seine Unabhängigkeit bewahrte er sich bis zum

Ende. Mit aller Kraft hatte Freddie gegen seine Krankheit angekämpft und niemals die Hoffnung aufgegeben, wieder gesund zu werden. Es war bewundernswert, wie er trotz allem unverzagt weitergearbeitet hat.«

Am Tag vor seinem Tod gab Freddie öffentlich bekannt, daß er unheilbar an AIDS erkrankt sei. Clark weist jedoch Behauptungen zurück, Mercury hätte die Erklärung nur abgegeben, weil er wußte, daß er nicht mehr lange zu leben hatte. Clark zeigte sich auch verärgert über sogenannte ›Freunde‹, die nach seinem Tod behaupteten, sie hätten bis zum Ende treu zu ihm gestanden, aber in den letzten Jahren eigentlich nie zu seinen engsten Freunden gehört hatten: »Freddie hielt den Zeitpunkt für gekommen, der Öffentlichkeit die bittere Wahrheit zu sagen, weil sich die Spekulationen über seinen Gesundheitszustand häuften. Es stimmt nicht, wenn manche Leute sagen, er hätte gewußt, daß er am nächsten Tag stirbt. Das ist kompletter Unsinn. Er hatte keine Ahnung, wann er sterben würde. Freddies Erklärung war sehr mutig, aber er gab sie ab, weil er seine Familie und seine Freunde nicht im Ungewissen lassen wollte und es für seine Pflicht hielt, über seine Krankheit zu reden. Seine Erklärung hat Freddie übrigens selbst verfaßt, denn bis zum Ende war er bei wachem Verstand, und es hätte durchaus sein können, daß er noch Wochen oder gar Monate unter uns weilte, aber er starb am nächsten Tag.«

Schon lange vor seinem Tod hatte sich Freddie dafür eingesetzt, sich sachlich mit der Immunschwächekrankheit auseinanderzusetzen. Im April 1988 hat er sogar an einer Wohltätigkeitsveranstaltung für die Terrence-Higgins-Stiftung, einer AIDS-Hilfsorganisation, teilgenommen.

»Niemand sollte einem Menschen Vorschriften machen, schon gar nicht in solchen Augenblicken. Er fühlte sich ganz einfach veranlaßt, nicht nur über sich selbst, sondern auch über seine Umgebung nachzudenken. Für mich war seine Erklärung sehr mutig und hat alles gesagt. Ich bin überzeugt, vielen Menschen hat sie sehr geholfen. Leider gab es ein paar Leute, die ihren Senf dazugeben mußten, obwohl sie Freddie seit Jahren nicht mehr gesehen hatten. Das war traurig und hat seinen Freunden und seiner Familie sehr weh getan.«

Clark dementierte auch Meldungen, nach denen Mercury seine Villa in ein hochmodernes Krankenhaus hatte umwandeln lassen: »Bei meinen Besuchen habe ich nie Schwestern oder medizinische Geräte gesehen.«

Clark hatte Mercury und die Band im September 1976 bei einem spektakulären Open Air-Konzert im Londoner Hyde Park kennengelernt. »Die Queens hatten mich zu dem Konzert eingeladen«, erinnert er sich, »und ich verfolgte die Show aus unmittelbarer Nähe. Hinterher sind wir bei ›Mr. Chow‹ chinesisch essen gegangen.

Mir gefielen Freddies Auftritte, und wir beide haben uns auf Anhieb gut verstanden. Bei verschiedenen Gelegenheiten sahen wir uns dann wieder, aber erst nach unserer gemeinsamen Arbeit im Studio wurden wir richtig gute Freunde.«

Zu dieser Zusammenarbeit war es 1985 gekommen, als Clark, tief beeindruckt von Freddie Mercury, diesem vorschlug, einige Titel für sein Musical *Time* zu schreiben. Es war das erste Mal, daß Freddie an einem Musical arbeitete, er komponierte aber sofort den gleichnamigen Titelsong, der im Sommer des darauffolgenden Jahres als Single veröffentlicht wurde und Platz 32 in den UK-Charts erreichte. »Ich hatte den größten Respekt vor den Leistungen der Queens«, sagt Clark, »und ich dachte, mit Freddie wäre schwer auszukommen, aber die Arbeit mit ihm ging locker von der Hand. Gewiß, er war ein Perfektionist, aber kein Tyrann, er hörte auch auf andere. Er konnte unglaublich hart arbeiten. Meist fing er abends um sechs an und machte durch bis sechs Uhr früh. Alles, was er anpackte, glich einem perfekt inszenierten Auftritt. Sogar im Studio sang er aus Leibeskräften, als würden ihm Tausende zuhören, so wie damals im Wembley-Stadion. Er war eben voller Energie und Lebensfreude und gab auf der Bühne alles, was in ihm steckte. Bei Freddies Auftritten bekam man regelmäßig eine Gänsehaut.«

Obwohl ihm die Arbeit an dem Musical Spaß gemacht hatte, verspürte Freddie keinen Ehrgeiz, eine Rolle in dem Stück zu übernehmen. »Freddie sagte, er schaffe drei Abende in der Woche, aber für acht Aufführungen fehle ihm die nötige Disziplin. Allerdings versprach er mir, an einem Abend ganz bestimmt auf die Bühne zu kommen und ein paar Lieder zu singen. Bei der Benefiz-Veranstaltung für die Terrence-Higgins-Stiftung hat er dann sein Versprechen eingelöst.«

Mercury hatte noch eine andere Seite, erinnert sich Clark, eine Seite, die der Öffentlichkeit verborgen blieb: »Er war zuvorkommend, liebevoll und großzügig. Im Privatleben war Freddie ganz anders als auf der Bühne. Stets zeigte er sich da umsichtig und rücksichtsvoll. Als wir in den ›Abbey Road‹-Studios Aufnahmen machten, kam er mit einem riesigen Picknickkorb vorbei, darin die feinsten Spezialitäten: Kaviar, Lachs, verschiedene Käsesorten und sein Lieblingschampagner. Privat war er ein liebevoller und fürsorglicher Mensch. Aber seine Großzügigkeit erstreckte sich nicht nur auf gute Freunde, Kollegen oder Mitarbeiter, auch voll-

kommen Fremde kamen in den Genuß seiner Freige-
bigkeit.«

Wenn er im Fernsehen sah, daß Menschen in finanziellen Schwierigkeiten steckten, verschickte er über
eine seiner Firmen einen anonymen Scheck. Ich erinnere mich an den Fall eines arbeitslosen Ehepaars, die
ihr Haus verloren hatten. Freddie griff ihnen unter die
Arme und half ihnen aus dem Schlimmsten heraus. So
etwas machte er sehr oft. Wenn er in den Nachrichten
davon hörte, oder von anderer Seite von Menschen erfuhr, die Hilfe brauchten, zückte er ohne zu zögern sein
Scheckbuch. Er liebte die einfachen, ehrlichen Leute.
Auf der Bühne mag er ein Übermensch und einer der
weltbesten Entertainer gewesen sein, aber privat war er
sehr, sehr menschlich – die altbekannte Geschichte des
Clowns, der in der Manege alle zum Lachen bringt,
hinter dessen Maske sich aber Traurigkeit und Emp-
findsamkeit verbergen. Man darf niemals nur nach
dem äußeren Schein urteilen.«

Clark war oft Gast bei Mercurys extravaganten Partys, so auch 1987 bei der Geburtstagsfeier auf Ibiza. Er
gehörte zu dem erlauchten Kreis von Freddies engsten
Freunden, die in einem von Mercury gemieteten Pri-
vatjet eingeflogen worden waren. »Freddie hatte etwa
hundertfünfzig Komparsen angeheuert, die sich in den
bizarrsten Kostümen unter die Gäste mischten und Ge-
tränke servierten. Einer hatte einen Käfig mit lebenden
Vögeln auf dem Kopf. Es war absolut einmalig – die
ganze Szenerie hätte aus einer Filmkulisse stammen
können. Auch Freddie hatte sich prächtig in Schale geworfen. Ich glaube, er trug ein knallbuntes Hawaii-
hemd.«

Clark erlebte auch Mercurys berühmt-berüchtigte
Hutparty im Jahre 1986 mit, bei der selbst die Desserts
mit den absonderlichsten Mützchen, Häubchen und

Käppchen dekoriert waren. »Es war ein herrlicher Tag, und alle Gäste mußten sich einen Hut aufsetzen. Überall sah man die bizarrsten Kreationen – Schöpfungen, die man sonst nur mit Ascot oder Gertrude Shilling in Verbindung bringt. Ich selbst trug einen ›Crocodile Dundee‹-Hut, an dem rundherum Flaschenkorken baumelten. Besonders komisch waren auch die Kellner, die Freddie angefordert hatte – es waren nämlich alles Chinesen.«

Für seine Feste war Mercury das Beste gerade gut genug. »Auch bei seinen Dinnerpartys war er der gewohnte Perfektionist. Zu einem seiner Geburtstage, so vor drei Jahren, ließ Freddie mehrere Küchenchefs einfliegen, die ein Essen mit zwanzig oder dreißig Gängen zauberten. Die Speisen wurden auf der langen Tafel in seinem Haus serviert – eine Augenweide. Er war ein vollkommener Gastgeber, und er wußte seinen Reichtum nicht nur zu genießen, sondern auch mit vielen Menschen zu teilen. Es war einfach wunderbar.

Freddie hatte zwei Seiten«, erzählte Clark weiter, »eine für die Öffentlichkeit, und eine für das Privatleben. Auf der Bühne war Freddie eine Ausnahmeerscheinung. Anschließend feierte er bis in den frühen Morgen; er liebte gutes Essen und guten Wein, machte aber nichts, was er nicht wollte.«

Clark war derjenige, der Mercury mit Sir Laurence Olivier bekannt gemacht hat: »Ich arbeitete mit Olivier an meinem Musical, und er kam zum Essen zu mir. Eines Tages hörte er sich Platten an, und Freddies Song kam an die Reihe. Olivier bemerkte spontan: ›Da haben wir einen Darsteller für Sie‹, ohne zu wissen, daß es Freddie war. Ich erzählte Freddie davon, und der konnte es gar nicht glauben, daß einer der größten Schauspieler der Welt so etwas über ihn gesagt haben sollte. Bald darauf rief ich Larry (Sir Laurence) an und fragte ihn, ob er Freddie kennenlernen wolle. Daraufhin arrangierte ich eine kleine Dinnerparty für sechs Personen. Freddie erschien als erster, und er war ganz schön nervös; aber als Larry und Lady Olivier eintrafen, verstanden sie und Freddie sich vom ersten Moment an. Freddie besaß sehr viel Humor und konnte tolle Geschichten erzählen, auf diesem Gebiet war er Laurence durchaus ebenbürtig – beide brachten einen immer wieder zum Lachen. Freddie war sehr intelligent und allem Neuen gegenüber stets aufgeschlossen. Er liebte die Oper, und eigentlich war er der erste, der diese Musikform einem wirklich breiten Publikum zugänglich gemacht hat. Zusammen mit Montserrat Caballé zu singen, dazu gehörte schon unglaublicher Mut – aber daran mangelte es Freddie ganz und gar nicht.

Freddie war auf allen Gebieten ein Perfektionist, und für jedes neue Projekt, das er in Angriff nahm, stellte er zunächst gründliche Recherchen an. Auch über seine Videos hat er sorgfältig und gewissenhaft nachgedacht, nichts hat er dem Zufall überlassen. Freddie hat das ganze Drehbuch für das Video *I'm Going Slightly Mad* geschrieben, und zu diesem Zweck wälzte er Bücher über Cecil Beaton, nur um die Farbtöne genau zu treffen. Wenn man sich seine Videos ansieht, fällt einem immer wieder auf, wie perfekt er die Songtexte ins Bild gesetzt hat. Er wußte genau, was er wollte, von der Kulisse bis hin zum Ausleuchten. Die meisten Drehbücher schrieb er selbst und probte einzelne Szenen immer wieder, bevor die Aufnahmen begannen. Freddie war ständig auf der Suche nach neuen Herausforderungen.«

Mercurys treuergebene Fans haben einen Giganten der Rockmusik verloren, aber Clark noch viel mehr – einen guten Freund: »Er war wie ein kostbares Gemälde. Einen wie Freddie gibt es nur einmal.«

Auch bei Leuten, die ihn nur flüchtig kennengelernt hatten, hinterließ Freddie Mercury einen bleibenden Eindruck. Einer von ihnen war Peter Stringfellow, ein ehrgeiziger, aber auch sehr geschwätziger Geschäftsmann, der in England und Amerika Bars und Diskotheken unterhält. Der 52jährige Stringfellow, in gewissen Kreisen auch ›ältester Liebhaber der Stadt‹ genannt, hat schon die größten Namen des Showgeschäfts in seinen Clubs begrüßen können, darunter auch Freddie Mercury. Als dieser das Londoner ›Hippodrome‹ betrat, das damals noch Stringfellow gehörte, hörten alle Gäste auf zu tanzen und verharrten in ehrfurchtsvollem Staunen – dann brach tosender Beifall los.

»Es war bei einer unserer Schwulenfeten, und das Gerücht machte die Runde, daß Freddie Mercury auf dem Weg zu uns sei«, erinnert sich Stringfellow. »Genauso gut hätte jemand sagen können, der König und die Königin von Siam würden sich die Ehre geben. Die Nachricht verbreitete sich wie ein Lauffeuer, es war faszinierend. Alles hörte auf zu tanzen und starrte hinauf zur Empore, wo er jeden Moment in seiner ganzen Pracht erscheinen mußte. Als er schließlich in seinem weißen Satinanzug dahergeschritten kam, war in dem Laden die Hölle los, und die Leute applaudierten wie verrückt. Alle Anwesenden wußten, daß ein absoluter Superstar unter ihnen weilte, und er wurde seiner Rolle voll gerecht. Er bewegte sich wie ein Star und fühlte sich wie ein Star, etwas Königliches ging von ihm aus. Seine glanzvolle Präsentation im ›Hippodrome‹ unterschied sich in nichts von seinen pompösen Bühnenauftritten. Es fehlten nur noch die Fanfarenklänge. Es war Theater, perfekt inszeniertes Theater.«

Als sich Stringfellow und Mercury im Jahr 1972 kennengelernt hatten, war es natürlich noch ganz anders. Damals war Freddie ein junger, aufstrebender Nachwuchssänger, und in der Schwulenszene tuschelte man noch nicht über ihn. Aber an eines erinnert sich Stringfellow bis zum heutigen Tag – an Freddies Eitelkeit: »Er war ein netter Junge mit lockigem Haar, aber schon damals habe ich mich über ihn amüsiert. Er war zu Gast in meinem Club ›Cinderella Rockefellers‹, und ich sagte, ich würde gern ein Foto von ihm machen. Ich hatte so eine Sofortbild-Kamera, und wir hatten 'ne Menge Spaß an dem Abend, also sagte ich: ›Halten wir den Moment fest.‹« Mercury posierte mit verführerischem Schmollmund vor der Kamera, und Stringfellow machte ein paar Aufnahmen. Aber Mercury zuckte jedesmal vor Schreck zusammen, wenn er die Ergebnisse sah, mit denen er ganz und gar unzufrieden war. Mürrisch und gereizt forderte er Stringfellow auf, ein besseres Foto zu machen. »Er setzte sich vor meiner Kamera in Positur, aber es hat ewig gedauert«, sagte Stringfellow. »Ich glaube, ich habe zwei Filme verbraucht, bis endlich eine Aufnahme darunter war, die seinen Vorstellungen entsprach und die er für würdig erachtete, der Nachwelt erhalten zu bleiben. Man konnte mit ihm herrlich herumalbern, aber auf sein Äußeres legte er allergrößten Wert, da hörte der Spaß auf.«

Nach einem opulenten Abendessen in einem der exklusivsten Restaurants Londons, dem ›Pontevecchio‹, in unmittelbarer Nähe seiner Villa gelegen, übernahm Mercury die stattliche Rechnung und lud anschließend die ganze Gesellschaft zu sich nach Hause ein. Daheim am Logan Place in Kensington hörten er und seine Gäste stundenlang Schallplatten, sahen sich Videos an und redeten und diskutierten bis spät in die Nacht, welcher Sänger oder welche Sängerin ihnen am besten gefallen hatte und wessen Auftritt der spektakulärste gewesen wäre. Aber Mercury und seine Freunde sprachen nicht etwa über die Konkurrenz – die Mick Jaggers, David Bowies oder Elton Johns –, oder gar über mögliche Thronfolger unter den jungen Musikern. Statt dessen drehte sich die Unterhaltung ausschließlich um die großen Stars, die auf den Opern- und Ballettbühnen zu Hause sind. Sie hatten es dem Sänger angetan, und ihre Schallplatten und Videos füllten reihenweise die Regale in seiner prächtigen Villa.

Einer der Gäste bei diesen nächtlichen Operngalas war der Ballettänzer Wayne Sleep: »Freddie war geradezu besessen von Opern und Ballett. Dadurch habe ich ihn auch kennengelernt. Er setzte sich ernsthaft mit dieser Kunstform auseinander und legte großen Sachverstand auf diesem Gebiet an den Tag. Über dieses Thema konnte er stundenlang reden. Zuhause hatte er tausende von Opernvideos, und nach ein paar Gläsern Rotwein gab es jedesmal, wie unter richtigen Opernenthusiasten, hitzige Debatten darüber, wer nun der beste Opernsänger wäre und wer höher singen könne als alle anderen.

Freddie wußte wirklich sehr viel über die Welt der Oper. Er liebte Sopranpartien und hatte ja selbst eine fantastische Stimme. Auch vom Ballett verstand er eine ganze Menge. Einer seiner Lieblingstänzer war Briony Brind. Er ging sehr oft ins Ballett – er war halt sehr vielseitig.

Eines seiner Lieblingswerke war *Romeo und Julia*. Besonders schön fand er auch *A Month In The Country*. Darin tanzten Wayne Eagling und ich gemeinsam zur Musik von *Schwanensee*. Im Zusammenhang mit seiner Liebe zum Ballett und mit seinen häufigen Theaterbesuchen habe ich sehr viel über den Menschen Freddie Mercury erfahren.«

Sleep ist fest davon überzeugt, daß Mercurys Duett mit der großen spanischen Diva Montserrat Caballé erst der Anfang von etwas ganz Spektakulärem hatte sein sollen. Die Welt der Oper und des Balletts ließ Mercury wirklich nie ganz los, und bestimmt plante er schon die nächsten aufsehenerregenden Projekte: »Sein Tod war eine Tragödie, denn er war so liebenswert und charmant, darüber hinaus ein so begnadetes Talent. Besonders traurig stimmt mich die Tatsache, daß Freddie gerade erst die Spitze des Eisberges angekratzt hatte. Er war der erste Popsänger, der zusammen mit einer der größten Opernsängerinnen unserer Zeit aufgetreten ist. Diesen Weg wollte er weiterverfolgen. Es war der Aufbruch zu ganz neuen Dimensionen, und auf diesem Gebiet sah er auch seine fernere Zukunft liegen, die ihn zu bislang unbekannten Ufern führen sollte.

Schon seit längerem hatte sich Freddie intensiv mit der Materie beschäftigt. Wir veranstalteten eine Vielzahl von Galas mit ihm und brachten einige seiner Songs mit klassisch ausgebildeten Ballettänzern auf die Bühne. Ich glaube, eines Tages hätte er etwas für die Oper oder das Königliche Ballett geschrieben.«

Seine Zusammenarbeit mit Montserrat Caballé machte auch dem breiten Publikum Mercurys Liebe zur exklusiven Welt der Oper und des Balletts deutlich. Nach einem Fernsehauftritt war die spanische Operndiva an ihn herangetreten, und ihrem gemeinsamen Schaffen entsprang dann ein erfolgreiches Album (*Barcelona* erreichte im Oktober 1988 Platz 25 in den UK-Charts); die gleichnamige Single schoß im November 1987 in die ›Top ten‹. Mercury hatte das Lied als Erkennungsmelodie für die Olympischen Spiele des Jahres 1992 geschrieben, die in der katalanischen Hauptstadt stattgefunden haben.

Sein leidenschaftlicher Hang zur Oper entstammte zum großen Teil seiner Bewunderung für Montserrat

Caballé, die er erstmals 1983 bei einem Konzert gesehen hatte. Aber erst nachdem Mercury im spanischen Fernsehen gesagt hatte, wie sehr er die Operndiva verehre, setzte sie sich mit ihm in Verbindung und schlug ein Treffen vor. »Nach der Sendung ist sie an mich herangetreten«, erzählte Mercury. »Dann fragte sie mich doch tatsächlich, ob ich Lust hätte, mit ihr eine Platte zu machen. Ich war vollkommen aus dem Häuschen. Obwohl ich für die Oper schwärmte, habe ich nie daran gedacht, selber zu singen. Aber nach meiner Begegnung mit der Montserrat habe ich auf diesem Gebiet noch sehr viel dazugelernt und habe jetzt allergrößten Respekt vor dieser Art von Musik.«

Bei seiner ersten Begegnung mit seinem Idol wäre Mercury beinahe vor Ehrfurcht erstarrt: »Beim ersten Mal war ich schrecklich nervös. Ich wußte nicht recht, wie ich mich verhalten oder was ich zu ihr sagen sollte. Zum Glück war sie von Anfang an ganz locker und nahm mir meine Scheu.« Mit der Zeit entdeckte Mercury, daß sie beide sehr viele Gemeinsamkeiten hatten: »Ich merkte, daß wir beide über dieselbe Art von Humor verfügten, und das faszinierte und überraschte mich, weil ich bis dahin unter der Vorstellung gelitten hatte, daß alle Opernsänger reserviert und unnahbar wären. Aber die Montserrat war wundervoll – nachdem ich ihr anvertraut hatte, daß ich von ihrem Gesang hingerissen wäre und alle ihre Alben hätte, sagte sie, sie höre auch gerne meine Musik und sie hätte auch Queen-Platten in ihrer Sammlung. Sie dachte sogar, ich würde sie bitten, etwas Rockiges zu singen, und sie war gar nicht abgeneigt, es mal zu versuchen.«

Der Traum, mit Montserrat Caballé einen Song aufzunehmen, realisierte sich, und für Mercury wurde die Sache von Tag zu Tag aufregender. »Eigentlich fing alles mit einem einzigen Lied an, aber damit war die Lawine ins Rollen gekommen und nicht mehr aufzuhalten. Als nächstes haben wir zusammen ein ganzes Album aufgenommen.« Anfangs hatte Mercury erhebliche Probleme mit der ungewohnten Musikform, wie er selbst zugab: »Zuerst war es recht schwierig, da die Lieder genau auf unsere Stimmen zugeschnitten sein mußten.«

Über sich und Montserrat sagte Mercury: »Zusammen wirken wir beide vielleicht etwas lächerlich, aber unsere gemeinsame Liebe zur Musik verbindet uns, und da spielt es keine Rolle, wie wir oder unser persönliches Umfeld aussehen. Einzig auf das Ergebnis kommt es an, und das spricht für sich.«

Das ungleiche Paar hatte seinen ersten öffentlichen Auftritt im Mai 1987 vor sechstausend Fans im exotischen ›Ku‹-Nightclub auf Ibiza (Mercury hatte sich in die Insel, diesen Inbegriff der Lebensfreude, verliebt und dort regelmäßig Urlaub gemacht). Das Konzert ›Ibiza '92‹ fand im Rahmen einer großangelegten Werbekampagne im Hinblick auf die Olympischen Spiele 1992 in Barcelona statt. Den Höhepunkt dieser Galaveranstaltung bildeten die Caballé und Mercury – der Sänger im dunklen Abendanzug mit blauer Weste. Begleitet von achtzehn persönlich ausgesuchten Musikern schmetterten sie im Duett die Hymne ›Barcelona‹.

Hinterher meinte Mercury: »Es war fantastisch, mit ihr zu singen. Was für ein Erlebnis! Nie zuvor hatte ich etwas für Oper oder klassisch ausgebildete Stimmen geschrieben. Ein Traum ist wahr geworden.

Als ich mit ihr auf die Bühne ging, wußte ich gar nicht, wie mir geschah. Ich wußte nur, daß ich mit dieser Sache ein gewaltiges Wagnis eingegangen war, aber ich habe daraus so viel neue Kraft geschöpft, daß ich es kaum erwarten kann, in dieser Richtung weiterzumachen.«

Im Oktober 1988 traten Mercury und die Caballé bei der Olympia-Gala im ›Avinguda De María Christina‹-Stadion auf. Es sollte Mercurys letztes öffentliches Konzert werden.

Die glanzvolle Veranstaltung, bei der auch Dionne Warwick, Earth Wind & Fire sowie Spandau Ballet mitwirkten, wurde weltweit im Fernsehen übertragen. Viele berühmte Namen, ja sogar gekrönte Häupter wohnten dem Ereignis bei. Unter den 150 000 Zuschauern befanden sich auch König Don Juan Carlos von Spanien, Königin Sofía und Prinzessin Christina. Nach der Show empfing die königliche Familie den Sänger und sprach ihm ihren persönlichen Dank aus.

Aber wer gehofft hatte, in den Genuß der gesamten Bandbreite von Mercurys Stimme zu kommen, wurde herb enttäuscht. Aufgrund einer schmerzhaften Halsentzündung mußte sein Duett mit Montserrat Caballé vom Band eingespielt werden. Von nun an mehrten sich die Gerüchte über den angegriffenen Gesundheitszustand des Sängers, zumal er sich schon im Vorfeld der Galaveranstaltung gezwungen sah, Plänen für eine anschließende Feier im Palacio de Perdrables eine Absage zu erteilen. Ein Sprecher Mercurys sagte damals jedoch, die Absage stünde im Zusammenhang mit umfangreichen Sicherheitsvorkehrungen anläßlich des bevorstehenden Besuchs der englischen Königin Elizabeth II.

Trotz Mercurys Playback-Auftritt war die Veranstaltung ein Riesenerfolg. Die Einnahmen aus Eintrittskartenverkäufen und Fernsehrechten gingen an das Internationale Rote Kreuz und sollten mit dazu beitragen, die Not leidender Kinder in den Krisengebieten dieser Welt zu lindern.

Ein enttäuschter Mercury meinte nach der Show: »Die Atmosphäre war fantastisch, aber meine Stimme machte mir sehr zu schaffen. Kurz vor unserem Auftritt bekam ich Halsschmerzen, da wollte ich es nicht riskieren, live zu singen.« Später fügte er hinzu: »Ich wollte nicht live singen, weil ich das Gefühl hatte, daß wir mehr hätten proben sollen, denn die Songs sind schwierig und kompliziert, aber dafür war einfach keine Zeit.« Und über seine Begegnung mit Spaniens König Juan Carlos und dessen Familie berichtete er: »Sie waren unglaublich nett, besonders der König, in dessen Gegenwart man sich einfach wohlfühlen muß. Er sagte, wie begeistert er wäre, daß ich ein Lied für die Olympischen Spiele 1992 geschrieben hätte und daß er überzeugt davon wäre, daß es ein Riesenhit wird.«

Auch Montserrat Caballé hat viele schöne Erinnerungen an die gemeinsame Zeit mit Mercury. In einem Interview sprach sie über Freddies Talent, über seine Güte und Großzügigkeit: »Er sagte, meine Stimme wäre wie Kristall, und um seinen Worten Nachdruck zu verleihen, schickte er mir exklusiven Champagner der Marke ›Cristal‹. Wirklich, er war sehr großzügig. Für den Champagner muß er ein Vermögen ausgegeben haben. Als Gegenleistung schenkte ich ihm eines meiner goldverbrämten Samtkostüme.

Während unserer Zusammenarbeit erwies er sich als wahrer Gentleman und war stets nett und zuvorkommend. Unsere Liebe zur Musik hat gute Freunde aus uns gemacht. Freddie schwärmte für jede Art von Musik, aber für die Oper hatte er eine besondere Vorliebe. Ich glaube, sein Ziel war es, viele seiner jungen Fans an diese Musikform heranzuführen.

Wir hatten großen Spaß bei unserer Arbeit. Freddie saß am Klavier, und ich stand neben ihm und habe gesungen. Manchmal wollte ich, daß er selbst mal eine

Arie singt, denn er hatte eine herrliche Stimme, und hin und wieder konnte ich ihn auch dazu überreden.«

Die Caballé erinnert sich, daß Mercury während der letzten Aufnahmen etwas erschöpft wirkte: »Freddie war müde und abgespannt, aber ich habe mir darüber keine weiteren Gedanken gemacht. Die Arbeit im Studio kann sehr anstrengend sein, besonders wenn sie so kreativ und produktiv ist.«

Der Sänger hat der Caballé nie anvertraut, daß er an AIDS litt. Aber bei einem ihrer letzten Telefongespräche sagte er, er könne leider nicht nach Barcelona kommen. »Freddie meinte, er hätte zu viel zu tun. Am Telefon machte er einen gutgelaunten und heiteren Eindruck. Ich hatte keine Ahnung, daß er so krank war.«

Mercurys leidenschaftliche Liebe zum Ballett manifestierte sich nicht nur rein äußerlich in seinen hautengen Trikots und seinen Pumps, die er auf der Bühne zur Schau trug. Er war der Überzeugung, man könne Ballett- und Opernelemente zusammen mit der Rockmusik zu einer interessanten Fusion verschmelzen, mit der althergebrachte Klischees beiseite geräumt und Wege zu neuen Ufern gebahnt werden könnten.

Nachdem er sich mit Tänzern des Königlichen Balletts und dessen ehemaligem Intendanten Sir Joseph Lockwood angefreundet hatte, trat Mercury sogar gemeinsam mit ihnen bei einer Wohltätigkeitsgala auf. »Ich mußte alle möglichen Bewegungen und Tanzschritte einstudieren«, erinnerte er sich. »Ich stand an der Barre und beugte und streckte meine Beine. In wenigen Tagen sollte ich all das lernen, wofür ausgebildete Tänzer Jahre gebraucht haben. Ehrlich gesagt, es war mörderisch. Am Ende hat es mir an Stellen weh getan, von deren Existenz ist bis dahin gar nichts gewußt hatte.«

Mercurys großer Moment auf der Bühne kam, als er

Das Mädchen von Seite drei und der Rock-Megastar im Duett.
(Photo: Famous)

Zwei der ganz Großen der Popmusik: Freddie mit dem ewig jungen Cliff Richard. *(Photo: Famous)*

Zur Abwechslung hält nicht Freddie das Mikrophon – sondern
Sam Fox ... *(Photo: Famous)*

seine Sprünge und Pirouetten vollführte und dabei ›Bohemian Rhapsody‹ sang: »Ich wagte einen ausgefallenen Sprung und fiel den Tänzern in die Arme. Sie trugen mich dann quer über die Bühne, ohne daß ich dabei aufhörte zu singen. Bis heute kann ich es kaum glauben. Es war spektakulär, und die Zuschauer hielt es nicht mehr auf den Plätzen. Nun, mit Baryschnikow, den ich sehr verehrt habe, konnte ich mich zwar nicht ganz messen, aber für einen in die Jahre gekommenen Anfänger war es gar nicht so schlecht.«

Kapitel 10

DIE WERBETROMMEL

Freddies Bild in der Öffentlichkeit

*»Ich mag zwar meine vorstehenden Zähne nicht,
aber davon mal abgesehen bin ich vollkommen.«*

Bei seiner ersten Begegnung mit Tony Brainsby nahm
Freddie Mercury kein Blatt vor den Mund. »Wir werden die größte Rockband aller Zeiten«, eröffnete er dem
erstaunten Agenten, »und Sie können uns dabei hel-
fen.« Daraufhin warf der spindeldürre junge Mann mit
den feingeschnittenen Gesichtszügen seine Arme in
die Höhe, um sie anschließend mit theatralischer Geste, die einem viktorianischen Melodram zur Ehre gereicht hätte, wieder herabsinken zu lassen. Nach dieser
Demonstration reichte er Brainsby die Hand zur Begrü-
ßung. Und die war lang und feingliedrig. Die sorgfältig
manikürten und schwarz lackierten Fingernägel ähnel-
ten weniger Teilen des menschlichen Körpers als viel-
mehr liebevoll dekorierten japanischen Kleinoden.

Mercury – sein pechschwarzes Haar fiel ihm über die
Schultern seines dunkelblauen Samtjacketts – war damals weder ein großer Popstar, der schon eine Reihe
von Hits für sich verbuchen konnte, noch ein gängiger
Name in Szenenkreisen. Seine Band hatte noch keine
Platte veröffentlicht, und er und Roger Taylor verkauften immer noch ›Second Hand‹-Klamotten auf einem
Markt in Kensington – dennoch gab er sich großartiger
als manch alteingesessener Rockmonarch. Nach dieser

ersten Begegnung war Brainsby felsenfest davon überzeugt, daß er es hier mit einer zukünftigen Berühmtheit
zu tun hatte.

Brainsby war damals gerade auf dem Weg, einer der
führenden Popagenten des Landes zu werden. Er erinnert sich: »Freddie war der geborene Star. Als er in
mein Büro kam, wußte ich gleich, aus dem wird mal ein
ganz Großer. Dieses Gefühl hat man nicht sehr oft, aber
bei ihm war es sofort da. Er war total überzeugt von
Queen und ihrer Musik und hatte ganz genaue Vorstellungen, was die Band betraf – nicht nur hinsichtlich des
Sounds, sondern auch bezüglich der Musik.

Wie gesagt, mir wurde damals klar, daß ein Star vor
mir stand und daß die Band ihren Weg gehen würde.
Freddie war einfach zu Größerem berufen. Mit seinem
schwarzen Nagellack und seinen exotischen Klamotten
hob er sich deutlich von der Masse ab. Er liebte den
Prunk und das Pompöse, was zu jener Zeit nicht ganz
ohne Risiko war – schon gar nicht, wenn man noch ein
unbeschriebenes Blatt war, dem solch majestätisches
Gebaren beileibe nicht zustand.«

An Brian Mays Wirkungsstätte, dem Imperial College in South Kensington, erlebte der emsige Publicity-
Mann dann erstmals Mercury und seine Band.
Brainsby war begeistert: »Es war einer ihrer ersten Auftritte. Der Saal hatte keine richtige Bühne, und es waren nur etwa hundert Leute da, aber die Jungs boten
eine tolle Show. Freddie stand im Mittelpunkt, alle Augen waren auf ihn gerichtet. Schon damals wußte er
sein Publikum zu fesseln.«

Brainsby besuchte regelmäßig weitere Shows. »Eines
habe ich nie kapiert«, sagt er, »schon in jenen ganz frühen Tagen hatten die Queens eine recht große Anhängerschaft, aber nicht etwa nur Kinder und Jugendliche
– nein, auch Mütter und Großmütter waren unter den

Zuschauern. Das war um so erstaunlicher, wenn man bedenkt, daß sie anfangs eigentlich nicht mehr waren als eine auf Glitter- und Glamourelemente setzende Heavy Metal-Band. Diese aus jung und alt zusammengewürfelte Fangemeinde war einfach verblüffend.«

Die Arbeit mit der Band machte Brainsby keine Schwierigkeiten, denn sie waren ehrgeizig, bewiesen Weitblick und suchten den Erfolg: »Für Bands, die sich über ihr Image nicht im klaren sind oder noch nicht so recht wissen,wo sie sich einordnen sollen, kann zum Beispiel ein Fototermin zum Alptraum werden – bei Queen gab es da wenig Probleme.

Auch die Interviews sprengten den normalen Rahmen. Es gab einfache Antworten auf eine Frage – und es gab Mercury-Antworten, stets ausgefallen und blumenreich formuliert.«

Obwohl Mercury witzig und geistreich war, gab er nicht gerne Interviews. »Er verstand das Popgeschäft. Übermäßige Publicity hielt er für unangebracht, um nicht zu sagen schädlich. Außerdem wollte er nicht, daß sich alle Welt nur auf ihn konzentrierte und dabei den Rest der Gruppe außer acht ließ. Er hat immer wieder betont, daß die Band aus vier Mitgliedern besteht, und nicht nur aus Freddie Mercury und drei Begleitmusikern. Das ist ihm gelungen. Die Queens sind immer als eine Gruppe angesehen worden.«

In Interviews oder in Gesprächen mit flüchtigen Bekannten waren zwei Themen absolut tabu: Zum einen seine Kindheit, zum anderen seine homosexuelle Veranlagung. »Über seine Kindheit und alles, was damit zusammenhing, hat er nie ein Wort verloren. Seine früheren Jahre waren ein streng gehütetes Geheimnis. Ich glaube, ihm war klar, daß die Fans nicht so ohne weiteres einen Popstar persischer Abstammung akzeptieren würden, der obendrein noch auf einem winzigen afrikanischen Eiland geboren worden war. So etwas gab es schließlich noch nie. Ich erinnere mich auch nicht, daß er jemals über seine homosexuellen Neigungen gesprochen hätte, was ihn aber keineswegs davon abhielt, diese öffentlich und in aufreizender Form zur Schau zu stellen. Jeder Schritt, jede Bewegung, jeder Handgriff wirkte gekünstelt, und jeder Satz endete mit ›mein Liebling‹ oder ›mein Schatz‹.«

Brainsby war fasziniert von der ›Klasse‹, die Mercury besaß: »Sein Geschmack war alles andere als vulgär, für ihn war das Beste gerade gut genug. Während einer Amerika-Tournee kam eines Tages in einer gottverlassenen Gegend ein ordinäres Taxi vorgefahren, um Freddie zum Flughafen zu bringen. Aber Freddie legte größten Wert auf stilvolles Reisen in eleganten Limousinen. In diesem Teil der USA waren Luxus-Karossen reichlich dünn gesät, dennoch weigerte sich Freddie, das Hotel zu verlassen, bis ein adäquates Automobil gefunden worden war. Zum Glück konnte noch eines aufgetrieben werden, und Freddie wurde in gebührender Form zum Flughafen chauffiert.«

Brainsby organisierte auch einige der berühmt-berüchtigten Queen-Partys, die aus Freddies Leben ja nicht wegzudenken waren. »Eine der heißesten stieg mal in New Orleans, in der Halloweennacht. Wir mieteten ein komplettes Hotel und machten daraus eine Sumpflandschaft, so richtig mit Schlingpflanzen und allem möglichen Getier, dazu Nebelschwaden aus der Trockeneismaschine. Es war eine wüste Orgie mit Stripperinnen, Zwergen und den bizarrsten Typen – ich habe noch ein Foto, auf dem Freddie einem der Mädchen sein Autogramm aufs blanke Hinterteil schreibt. An alles war gedacht, jeder kam auf seine Kosten. In einem Separée befriedigten hübsche Mädchen die sinnlichen Gelüste und Begierden der Gäste.«

Schauplatz eines anderen Spektakels war das Wimbledon-Stadion, wo zur Veröffentlichung der Queen-Single ›Fat Bottomed Girls‹/›Bicycle Race‹ (1978) etwa fünfzig fast nackte Models durch die Gegend radelten. »Es war eigentlich keine offizielle Party, mehr ein Video-Dreh«, sagte Brainsby, »mit etwa fünfzig Mädchen auf Fahrrädern. Ein Riesenerfolg!«

Schon in jenen frühen Tagen zeichnete sich Mercury nicht gerade durch Sparsamkeit oder gar Geiz aus. »Auch als er noch nicht so viel Geld auf dem Konto hatte, gab er ein Vermögen für Berge von Antiquitäten aus. Aber er bewies stets Geschmack und Stil und kaufte nur teure und elegante Sachen, niemals Tinnef. Er war sehr großzügig, obwohl er mir nie etwas geschenkt hat – aber warum sollte er auch, wir beide hatten ja nichts miteinander!«

Während ihrer gemeinsamen Zeit gab es nur ein einziges Mal Streit zwischen Mercury und Brainsby, und zwar wegen Paul McCartney, der ebenfalls einen Vertrag mit dem Agenten hatte. »Sonst hatten wir nie Probleme miteinander«, erinnert sich Brainsby. »McCartney und Queen gingen gleichzeitig auf Tournee, und ich hatte mich entschieden, McCartney zu begleiten. Daraufhin rastete Freddie völlig aus, weil ich gefälligst bei den Queens bleiben und sie betreuen sollte. Diese Tour war die absolute Hölle. Ich jagte wie ein Irrer durchs Land. Nach einem McCartney-Auftritt mußte ich mich ins Auto werfen und zum nächsten Queen-Konzert rasen.«

Brainsby war einer von vielen, die Queens ›Bohemian Rhapsody‹ für einen gewaltigen Fehler gehalten hatten: »Der Song war zwar gut, aber unglaublich lang. Ich war mir sicher, das wird ein Flop. Aber Freddie hat alle eines besseren belehrt. Er war ein einmaliges Talent.«

Eine wichtige Rolle in der Karriere der Queens hat auch Phil Symes gespielt. Symes, ein alter Hase im Showgeschäft (er lenkt unter anderem die Geschicke von Diana Ross) arbeitete acht Jahre lang mit der Band; den Anfang hatte im September 1976 das Gratiskonzert im Londoner Hyde Park gemacht.

»Freddie war eine schillernde Persönlichkeit, aber gleichzeitig auch unglaublich scheu und zurückhaltend«, sagt Symes. »In der Öffentlichkeit zeigte er sich von seiner prunkvollsten Seite. Partys gab er für sein Leben gern – besser gesagt wilde, ausgeflippte Orgien. Die Atmosphäre war immer elektrisch geladen, und Freddie mußte stets im Mittelpunkt stehen. Viele Berühmtheiten verkriechen sich bei ihren Partys in ein stilles Eckchen, nicht so Freddie. Er wollte seinen Spaß haben, und seine Gäste sollten auch nicht zu kurz kommen. Jeder konnte sich nach Herzenslust amüsieren.

Vor allem war er sehr spendabel. Den Gästen seiner Münchner Geburtstagsparty, bei der alle in Frauenkleidern erscheinen mußten, bezahlte er sogar die Reise- und Hotelkosten. Es war eine Mordsgaudi, denn Freddie trug als einziger Männerkleidung. Wir hatten alle einen Heidenspaß. Jim Beach, der Manager der Band, kam als Carmen Miranda verkleidet, und viele bekannte Namen waren mit von der Partie, darunter Steve Strange und John Reid. Als Erinnerung an seine Feten schickte Freddie den Leuten gerne Fotos von ihnen mit ein paar persönlichen Worten drauf, und von diesem Tuntenball gab es besonders köstliche Schnappschüsse.

Aber nach diesen ausschweifenden Orgien zog er sich wieder in sein Schneckenhaus zurück, denn privat war er ein sehr ruhiger, zurückhaltender Typ. Gerade diese Schüchternheit war es, die Außenstehenden verborgen blieb, weil sie ihn halt nur von seinen bombastischen Bühnenauftritten her kannten.

In Gegenwart von Fremden war er ganz besonders scheu. Es hatte immer den Anschein, als müsse er jemanden erst genau kennen, bevor er mit ihm oder ihr reden konnte. Aber wenn er sich dann ein Bild von einem gemacht hatte, war er ein sehr guter Freund. Ein kleiner Kreis von Leuten stand ihm sehr nahe, und diese Leute lud er auch zu sich nach Hause ein. Loyalität besaß bei ihm einen sehr hohen Stellenwert, und wenn jemand aus seinem intimen Kreis Geheimnisse preisgab oder gar wie sein ehemaliger persönlicher Manager an ein Sensationsblatt verhökerte, war er bitter enttäuscht. Wenn er jemand in seinen Kreis aufgenommen hatte, erwartete er dafür äußerste Diskretion Fremden gegenüber.

Nicht alle seine Partys waren wüste Gelage. Bei einigen ließ er natürlich die Sau raus, aber die meisten verliefen ruhig und diskret«, sagte Symes. »Oft begegnete man in seinem Haus Leuten aus Bereichen der Kunst und Literatur, oder Typen aus der Modewelt, die hochgeistige Gespräche miteinander führten. Er war sehr stolz auf sein prachtvolles Haus, und es bereitete ihm großes Vergnügen, seine Gäste herumzuführen und ihnen alles zu zeigen.«

Auch Symes bestätigt, daß Mercury kein Freund von Interviews war: »Im Grunde war er der Meinung, daß seine Musik doch genügend aussagte, sein Privatleben ging ihm über alles. Aber wenn er mal ein Interview gab, dann gebärdete er sich dabei meist wie auf der Bühne – mal hysterisch-komisch, mal theatralisch, und er sorgte gern für Schlagzeilen. Er liebte die glanzvolle Show, und – machen wir uns doch nichts vor – wahrscheinlich war er auch der größte Showman, den die Rockmusik in den letzten Jahren hervorgebracht hat.

Seine Interviews wirkten fast wie einstudiert und tausendmal geprobt, jedes Wort saß an der richtigen Stelle. Alles, auch die Plattenveröffentlichungen der Band, war bis ins letzte Detail geplant.«

Diese gewissenhafte Planung, gepaart mit seinem festen Glauben an die Musik von Queen und seinem brennenden Ehrgeiz, brachte Mercury bis ganz nach oben. »Ich war mit ihnen in Südamerika, wo vor Queen noch keine Rockband auf Tournee gegangen war«, berichtet Symes. »Schließlich wollte Freddie auf allen Gebieten der Erste sein; der zweite Platz zählte für ihn nicht. Für ihn gab's nur eines – gewinnen!«

Obwohl Brainsby als Agent hauptverantwortlich für die Band war, so hatte doch einer seiner Assistenten, Chris Poole, den meisten Kontakt mit der Gruppe. Er begleitete sie auf ihren Tourneen und sorgte dafür, daß ihr Name bei den englischen Musikjournalisten bald in aller Munde war.

Heute leitet Poole, einer der charmantesten Werbemanager Englands, gemeinsam mit Alan Edwards, seines Zeichens ebenfalls Presseagent, sein eigenes PR-Unternehmen. Die beiden haben eine Reihe von Popstars unter ihren Fittichen, darunter David Bowie und Prince. Poole erinnert sich: »Freddie fiel schon in den frühen Tagen der Band aus dem Rahmen, aber natürlich noch nicht in dem Maße wie später. Er trug kleine Pelzjäckchen, schwarzen Nagellack und bewegte sich recht gekünstelt, aber ohne sich dabei wie ein Schwuler zu gebärden. Zu der Zeit, als die Queens ihre ersten Schritte wagten, wurde in London Homosexualität erst ganz langsam salonfähig. Bis dahin war nur unter vorgehaltener Hand darüber geredet worden.«

Als Poole seine Tätigkeit für Queen aufnahm, hatten Mercury und Roger Taylor noch ihren Stand auf dem

Kensington Market. Zu jener Zeit, gegen Ende der sechziger Jahre, war der Ken Market, wie er liebevoll genannt wurde, ein beliebter Hippie-Treff, wo sich eine bunte Mischung aus Schaulustigen, Händlern, Aussteigern, Touristen und Rockstars ein Stelldichein gaben und sich unverdrossen durch die Berge von ›flower power‹- und ›second hand‹-Klamotten wühlten. Von dem lockeren Lebensstil und der Aussicht auf leichtverdientes Geld angezogen, hatten sich Mercury und Taylor entschlossen, einen Stand zu mieten, während sie in ihrer Freizeit weiterhin mit kleinen Gruppen Musik machten. Für den Stand zahlten sie 10 £ in der Woche. Sie kauften abgelegte Kleidungsstücke, die sie wieder herrichteten und aus denen sie mit viel Liebe und Fantasie etwas Neues zauberten. Taylors Aufgabe bestand darin, Flohmärkte und Second hand-Läden nach eventuellen Schnäppchen abzuklappern. Hin und wieder machten sie auch gute Geschäfte: eines Tages hatte Taylor hundert Mäntel zu fünfzig Pence das Stück aufgekauft, die er anschließend für den achtfachen Preis an den Mann (oder die Frau) brachte. Im Eifer des Gefechts soll dabei aber auch irrtümlich Freddies eigener Mantel den Besitzer gewechselt haben.

Tim Staffell, ein früherer Studienfreund Mercurys, erinnert sich an die damalige Zeit: »Seit er angefangen hatte, auf dem Markt zu verkaufen, legte Freddie mehr Wert auf sein Äußeres. Seine Jeans und seine weißen Hemden hatten ausgedient, elegante Satin-Klamotten waren jetzt bei ihm angesagt.« Aber Mercury hat nicht nur ans Geldverdienen gedacht: »Als Jimi Hendrix starb, hat er den Stand aus Respekt vor seinem Idol geschlossen.«

Nach achtzehn Monaten wurde der Stand endgültig dichtgemacht, nachdem sich Mercury und Taylor nun doch für die Musik entschieden hatten. Poole war von diesem Schritt nicht überrascht: »Ein paarmal war ich an ihrem Stand. Sie verkauften das, was sie selbst auch gern trugen – viel Samt und Seide. Aber goldene Nasen konnten sie sich damit natürlich nicht verdienen, obwohl der Laden ganz gut lief. Die beiden waren ständig pleite.«

Anfangs begleitete Mary Austin ihren Freund Freddie auf Schritt und Tritt, wenn die Band auf Tour ging. »Ich glaube, sie mochten sich sehr«, sagte Poole. »Mir schien es, als hätte sie einen Narren an ihm gefressen. Ich glaube, zu diesem Zeitpunkt war er noch nicht ganz andersrum.« Über die Anfänge der Band sagte Poole: »Von Beginn an hatte ich das Gefühl, die Queens werden mal Stars. Aber damit meinte ich nicht nur Freddie, sondern alle vier. Alle Welt spricht immer nur von ihm, aber die andern waren ebenso intelligent und ehrgeizig, und auch sie hatten das gewisse Etwas. Man brauchte kein Prophet zu sein, um vorauszusagen, daß sie ihren Weg bis ganz nach oben gehen würden.«

Die Band bestand quasi aus zwei Lagern: »Auf der einen Seite Freddie und Roger – auf der anderen Brian und John. Obwohl Roger nicht schwul war, kamen er und Freddie prima miteinander aus. Im Flugzeug saßen die beiden immer hinten, weil da meistens die Post abging, während Brian und John vorne Platz nahmen.

Wir hatten recht schöne Zeiten miteinander, aber als Band konnten sie manchmal schwierig sein. Auf unserer ersten gemeinsamen Tournee bestritten sie das Vorprogramm für Ian Hunters legendäre Band Mott the Hoople, eine der besten und erfolgreichsten Gruppen der siebziger Jahre. Aber die Queens waren stinksauer, weil ihnen nicht so viel Interesse entgegengebracht wurde, wie sie sich das vorgestellt hatten. Sie waren zwar ›nur‹ eine Vorgruppe, zeigten aber doch schon die Mentalität von großen Stars.«

Die gemeinsamen Wege trennten sich, als Poole aus dem PR-Geschäft ausstieg und fortan als Journalist für die Musikzeitschrift *Record Mirror* arbeitete. Nachdem er sich erdreistet hatte, in diesem Blatt herbe Kritik am zweiten Album der Queens zu äußeren, haben er und die Band acht Jahre lang kein Wort miteinander gewechselt. »Mir gefiel die Platte nicht, und ich hab' sie in meiner Kritik ziemlich verrissen. Das haben sie mir nie verziehen«, sagte er. »Erst acht Jahre später haben sie wieder mit mir gesprochen.«

Bei einer Party im exklusiven Londoner ›Groucho Club‹ sahen sich Poole und Mercury zum letzten Mal. Anlaß war die Verleihung des ›BRIT Lifetime Achievement Award‹ an Freddie Mercury, Phil May, Roger Taylor und John Deacon im Februar 1990: »Freddie machte zwar einen recht passablen Eindruck, aber es war offensichtlich, daß er sich nicht wohl fühlte.«

In über 10000 Meter Höhe tollten Bryn Bridenthal und Freddie Mercury wie alberne Schulkinder auf einem riesigen Bett herum, während die ›Lisa Marie‹ ihren langen Weg nach Amerika fortsetzte. Bei der ›Lisa Marie‹ handelte es sich um Elvis Presleys komplett eingerichtetes Flugzeug, das die Band während einer ihrer erfolgreichen Amerika-Tourneen gemietet hatte, denn was dem verstorbenen King zur Ehre gereicht hatte, war den Queens gerade gut genug.

Auch in solch luftigen Höhen kannte der Spaß für Freddie Mercury keine Grenzen. Er folgte seinen spontanen Eingebungen und tobte sich nach Herzenslust aus, denn für Freddie gab es nur eine Todsünde – die Langeweile.

»Plötzlich schnappte er mich, warf mich aufs Bett und sprang auf mich rauf. Wir rollten durch die Gegend und lachten wie die Verrückten«, erinnert sich Bryn.

»Ich fühlte mich wie eine Zwölfjährige im Ferienlager. Aber so war das immer mit Freddie. Mit ihm konnte man das Leben genießen wie ein Kind – unbeschwert, voller Begeisterung und Lebensfreude.« Bryn Bridenthal leitet in Los Angeles eine unabhängige Werbeagentur, die ursprünglich von Queen finanziert worden war. Jahrelang vertrat sie die amerikanischen Interessen der Band, reiste mit ihnen um die Welt und teilte ihren märchenhaften Luxus. Die lebenslustige Agentin, die heute unter anderem für die US-Hardrocker Guns N' Roses tätig ist, hatte die Queens 1977 kennengelernt, als sie Leitern der PR-Abteilung bei Elektra war, die damalige amerikanische Plattenfirma der Queens.

»Zu jener Zeit hatten viele Leute bei Elektra eine persönliche Aversion gegen die Band, aber ich hatte mich in sie verliebt«, sagte sie. »Es hieß, es wäre schwierig, mit Freddie auszukommen, aber das fand ich gar nicht. Er war wundervoll, und vom ersten Tag an haben wir uns prächtig verstanden. Viele Verantwortliche der Plattenfirma konnten das nicht kapieren. Sie fragten mich andauernd, warum ich so viel Zeit mit der Band verbringen würde, die Queens wären doch unmögliche Typen. Aber diesen Eindruck hatte ich nie, im Gegenteil, ich war gern mit ihnen zusammen. Und, ehrlich gesagt, viele von diesen Leuten in den Führungsetagen waren erzkonservativ, stinklangweilig und hatten nur klischeehafte Vorstellungen von ihrem Geschäft. Wenn sich Freddie ihnen gegenüber intolerant verhielt, dann nur, weil er seine Zeit nicht verplempern wollte. Das Leben war ihm einfach zu kostbar.

Freddie konnte keine Idioten ertragen, denn Idioten sind Langweiler, und Freddie haßte Langweiler. Er hat mir mal gesagt, die allerschlimmste Sünde von allen wäre die Langeweile. Wenn ich heute auf jene frühen

Tage zurückblicke, dann war es schon bemerkenswert, wie mich Freddie und die anderen sofort akzeptiert haben. Ich war schließlich eine total Fremde, aber schon nach kurzer Zeit waren wir die besten Freunde. So etwas kann man nicht lenken oder gar vorausplanen, entweder es funkt, oder es funkt nicht. Aber ich glaube, sie haben gespürt, wie sehr ich sie mochte. Ihre anfängliche Reserviertheit – bei Freddie konnte man schon fast von Scheu reden – legten sie rasch ab und erwiderten meine Gefühle.«

Mercury hatte einen komplizierten Charakter, der manchmal auch seinen besten Freunden Rätsel aufgab. Platzte er eben noch vor übersprühender Lebensfreude, so konnte er sich im nächsten Moment von seiner scheuen, introvertierten Seite zeigen. Freddie war genauso unberechenbar und in keinerlei Kategorien einzuordnen wie seine Musik. Bryn Bridenthal konnte sich über die Jahre hinweg ein recht genaues Bild von ihm machen: »Er war wie ein Diamant, der in den mannigfaltigsten Schattierungen schimmert, und all diese verschiedenartigen Nuancen bildeten Facetten seiner Persönlichkeit, die jede für sich einen Beitrag zum funkelnden Gesamtbild beisteuerte. Privat konnte er zwar genauso aus sich herausgehen wie auf der Bühne, aber er konnte sich auch scheu und zurückhaltend geben. Beides waren wichtige Aspekte seiner Persönlichkeit. Anfangs dachte ich, die ruhigeren Augenblicke wären nur Phasen der Entspannung für ihn, aber bald erkannte ich, daß die Dinge weitaus komplizierter waren. Er war stark, aber gleichzeitig sehr verletzlich. Sein Charakter war wirklich sehr vielschichtig.

In Bars und Restaurants stand er meist im Mittelpunkt des Geschehens. Er konnte so herrlich witzig und geistreich sein und tolle Geschichten erzählen. Aber manchmal saß er auch ganz still in einem Raum, und kaum jemand beachtete ihn. Dieses extreme Verhalten war faszinierend.«

Mercury besaß ein seltenes Talent: obwohl er über ein Höchstmaß an Intelligenz verfügte und oft über das Leben als solches nachdachte, hinderte ihn das nicht daran, die Freuden des Daseins bis zur letzten Neige auszukosten. »Er sprach mit mir oft über das Leben und dessen tieferen Sinn«, sagt Bryn Bridenthal. »Manchmal plauderten wir die ganze Nacht hindurch, und unsere Gespräche waren immer interessant und faszinierend, zuweilen sogar tiefgründig. Aber er konnte auch belanglosen Quatsch erzählen. Jedenfalls war es nie langweilig, sondern eher ganz schön anstrengend. Es gab Augenblicke, da bin ich buchstäblich auf allen vieren aus seinem Zimmer gekrochen, nachdem wir wieder mal die Nacht zum Tage gemacht hatten.

Ganz besonders imponierend fand ich die Tatsache, daß Freddie nie diesen ganzen Scheiß mitmachen wollte, den das Berühmtsein oft so mit sich bringt. Er gehörte nicht zu denjenigen, die nur in gewissen Kreisen verkehren, um mit wichtigen Leuten gesehen zu werden. Dieses Affentheater berührte ihn scheinbar überhaupt nicht, was wiederum beweist, was für eine außergewöhnliche Persönlichkeit er war.

Sein Charakter war so stark, daß er auch als Superstar stets auf dem Boden der Tatsachen blieb. Viele seiner Kollegen heben dagegen vollkommen ab, der Ruhm steigt ihnen zu Kopfe, weil sie innerlich leer sind; sie meinen, der Erfolg würde ihnen Erfüllung und Befriedigung verschaffen, aber das ist ein Irrglaube. Bei Freddie dagegen hatte ich immer das Gefühl, er wolle sich seine eigene Persönlichkeit und seine Identität bewahren.«

Bryn Bridenthal stand den Bandmitgliedern sehr

nahe und hat sie während der monatelangen Tourneen von allen Seiten kennengelernt. »Eines Tages saß ich in der Garderobe, und die Jungs fingen an, sich vor meinen Augen umzuziehen. Da war mir klar, daß ihnen meine Gegenwart ganz und gar nicht unangenehm war.«

Bryn begleitete die Band auch auf ihrer bahnbrechenden Südamerika-Tournee, die im Februar 1981 begann. »Diesen Trip werde ich mein Leben lang nicht vergessen«, erinnert sie sich. »Wir haben so manche haarsträubende Situation erlebt. In Venezuela war gerade zu diesem Zeitpunkt der Präsident gestorben, und die Lage war beängstigend. Das Land wurde von so vielen Unruhen und Revolutionen erschüttert, daß wir uns eine Zeitlang die Frage gestellt haben, ob wir da überhaupt wieder rauskommen.«

Obwohl – speziell in Amerika – unzählige Gerüchte über Mercurys häufige Partnerwechsel im Umlauf sind, glaubte Bryn Bridenthal, daß er in erster Linie sehr romantisch veranlagt war: »Er war ein ausgesprochener Romantiker, aber auch sehr leidenschaftlich. Er liebte die Liebe, gab aber mehr davon, als er von anderen nahm. Das Beste, was Menschen wie Freddie im Leben passieren kann ist es, auf jemand zu treffen, der zumindest einen Teil dieser Liebe zurückgeben kann.«

Mercury besaß einen messerscharfen Verstand – einer der Faktoren, die mit dazu beitrugen, den Queens einen Platz auf dem Pop-Olymp zu sichern: »Er und die Band hielten nichts davon, quer durchs Land zu tingeln und in Clubs und Kneipen aufzutreten. Sie entwickelten sich auch nicht schrittweise von Jahr zu Jahr – das wäre ihnen zu langweilig gewesen –, nein, sie hatten einen konkreten Plan, ein Gesamtkonzept, das sie in die Praxis umsetzten.«

Im Gespräch mit Freunden zeigte sich Mercury un-

Freddie mit seiner Freundin Mary Austin, dem Mädchen aus der Boutique. *(Photo: Famous)*

Der geniale Showman
– zwei klassische
Mercury-Posen.
(Photos: Daily Mail)

glaublich offen, in Interviews aber war genau das Gegenteil der Fall. Bryn Bridenthal hatte ihre liebe Mühe und Not, Mercury mit ungeduldigen Journalisten und Presseleuten an einen Tisch zu bringen: »Freddie hat kaum Interviews gegeben. Anfangs machte er vielleicht noch zwei oder drei im Jahr, aber das schlief dann mit der Zeit auch ein. Ich habe immer versucht, ihn zu mehr zu überreden, aber er wollte nicht. Ich glaube, Freddie haßte Interviews, weil er das Gefühl hatte, keinen gemeinsamen Nenner mit den Interviewenden finden zu können. Außerdem stellten sie keine Herausforderung für ihn dar, waren einfach uninteressant. Auch war ihm die Vorstellung zuwider, jemandem gegenüber zu sitzen, der in nur zwanzig Minuten sein innerstes Wesen zu ergründen versuchte.«

Einer der wenigen, die Mercury zu Interviews bewegen konnten, war Paul Prenter, sein ehemaliger persönlicher Manager und einstiger Liebhaber, der nur wenige Monate vor dem Sänger ebenfalls an AIDS verstarb. Nach jahrelanger Zusammenarbeit hatte Prenter Mercurys Freundschaft schlichtweg ›verraten‹ und seine und Freddies Lebensgeschichte an eine Londoner Boulevardzeitung verkauft. Seine schonungslosen Enthüllungen drehten sich hauptsächlich um Mercurys häufig wechselnde Männerbekanntschaften und seinen immensen Drogenkonsum. »Ich muß zugeben, daß mir Paul in Sachen Interviews sehr geholfen hat«, sagt Bryn Bridenthal. »Als er nicht mehr da war, lief in dieser Beziehung gar nichts mehr. Aber es wird mir immer schleierhaft bleiben, warum Paul seine Story verhökert hat. Das war hundsgemein, und ich war wie vor den Kopf gestoßen. Freddie war doch immer so gut zu seinen Freunden, so großzügig und liebevoll. Da kann doch nur ein ganz fieser Charakter auf die Idee kommen, sein Vertrauen zu hintergehen und Kapital aus der gemeinsamen Freundschaft zu schlagen. Ich glaube, Paul hat der Karriere der Queens in Amerika sehr geschadet, weil er oft frech und unflätig auftrat. Es war mit Sicherheit vorteilhaft für die Band, als sich Freddies und Prenters Wege schließlich trennten.«

Bryn Bridenthal bekam Mercurys sagenhafte Großzügigkeit am eigenen Geldbeutel zu spüren – schließlich waren es die Queens, die ihr die finanziellen Mittel zum Aufbau eines eigenen Unternehmens zur Verfügung gestellt hatten: »Die Band trennte sich von ihrer Plattenfirma. Eines Tages hatte auch ich die Nase voll, kündigte ebenfalls bei Elektra und beschloß, etwas Eigenes auf die Beine zu stellen. Schon bald danach klingelte bei mir in Los Angeles das Telefon – die Queens wären an einer Zusammenarbeit mit mir als freier Mitarbeiterin interessiert. Sie wollten mein Unternehmen finanzieren. Ihr Manager Jim Beach meinte lachend, es käme nicht oft vor, daß sich in diesem Zusammenhang alle vier auf Anhieb einig gewesen wären. Das war ein herrliches Gefühl; sie ließen sich wirklich nicht lumpen. Als freie Mitarbeiterin bezahlten sie mich immer im voraus, und hin und wieder schickten sie mir auch einen Scheck zwischendurch, so daß ich nie in finanziellen Nöten war.«

Die Gerüchte über Mercurys Gesundheitszustand machten nicht nur in London die Runde, auch in Los Angeles wurde kräftig gemunkelt. »Ich hatte so eine Ahnung, was mit ihm los war«, sagte Bryn in unserem Interview. »Schließlich war ich sehr oft mit Brian zusammen, denn er verbrachte hier mehr Zeit als die anderen. Zwischendurch fragte ich ihn nach Freddie, und er sagte, Freddie hätte was mit den Nieren. Aber Brian war ein lausiger Lügner, darüber hinaus auch sehr sensibel, und ich wußte, da steckte mehr dahinter als eine Nierenerkrankung. Andererseits sagte ich mir, wenn es Brian für nötig hält, mir etwas vorzumachen, dann wird er seine Gründe dafür haben. Wahrscheinlich war es ihm unangenehm, darüber zu reden, warum sollte ich also weiter in ihn dringen?«

Schlagartig kehrten all die Erinnerungen an die wundervollen Augenblicke mit Mercury zurück: »Wenn wir uns lange nicht gesehen hatten, umarmte und küßte er mich, und dann fühlte ich mich wie seine Königin. Freddie besaß die wunderbare Gabe, guten Freunden das Gefühl zu geben, sie wären das Zentrum des Universums. Öffentlichkeitsarbeit ist ein unverzichtbarer Job im Popgeschäft, aber er wird einem selten gedankt. Freddie hingegen wußte die Arbeit anderer entsprechend zu würdigen, er nahm nichts als selbstverständlich hin, eine Seltenheit heutzutage.

Er war freundlich und bescheiden, so ganz anders, als man sich gemeinhin jemanden seines Kalibers vorstellt. Ja, natürlich hatte er Temperament – welcher große Star hat das nicht? Aber er hat mich nie von oben herab behandelt. Wenn ich an ihn denke, wird mir ganz warm ums Herz. Er besaß ein unglaubliches Talent, und er sprühte nur so vor Lebensfreude – der Spaß kam bei ihm gewiß nicht zu kurz. Ohne ihn ist die Welt öde und leer. Wir alle haben einen entsetzlichen Verlust erlitten.«

Kapitel 11

INNUENDO

Aids: Gerüchte und Wahrheiten

> *»Ich erwarte nicht, in Ehren zu ergrauen.*
> *Außerdem ist es mir völlig egal.*
> *Als Siebzigjähriger würde ich mich sowieso nur langweilen.«*

Als Freddie Mercury an einem kalten Februarmorgen um zehn Uhr die Wembley-Studios betrat, um mit der Arbeit an Queens neuem Video ›I'm Going Slightly Mad‹ zu beginnen, lief es der kleinen Schar von Mitarbeitern eiskalt den Rücken herunter. Der einst so kräftige, muskulöse Sänger war nur noch ein Schatten seiner selbst. Die Kleidung hing schlaff an seinem ausgezehrten Körper, und in dem aschfahlen, mit Flecken übersäten Gesicht spiegelte sich die schwere Krankheit wider.

Mercury hatte in der Tat nur noch neun Monate zu leben. Der Video-Crew und den Technikern hatte man vor den Aufnahmen gesagt, daß Freddie leicht ermüde und daß sie auf etwaige Verzögerungen gefaßt sein müßten, aber von AIDS war nie die Rede. Statt dessen hieß es, Mercury hätte Probleme mit seinem Knie und müsse sich etwas schonen.

Mercury selbst sagte einem Mitglied des Aufnahmeteams: »Mein Knie macht mir gewaltige Schwierigkeiten, und ich muß mich zwischendurch ausruhen.« In seiner von zwei Leibwächtern bewachten Garderobe wurde eine Liege aufgestellt, so daß sich der kranke Star ab und zu zurückziehen konnte.

Aber obwohl während der anstrengenden dreitägigen Dreharbeiten Mercurys Krankheit keinerlei Erwähnung fand, war einer Reihe von Mitarbeitern klar, daß Freddies Erschöpfungszustand nichts mit einem wackligen Knie zu tun haben konnte. Ein Mitglied der Crew meinte: »Viele meiner Freunde sind an AIDS gestorben, und am Ende sahen sie so aus wie Freddie. Er machte einen schrecklichen Eindruck, man sah dem Tod förmlich in die Augen. Außerdem ergab die Geschichte mit seinem lädierten Knie überhaupt keinen Sinn. Bei den Aufnahmen mußte Freddie auf der Bühne akrobatische Verrenkungen vollführen, und wenn er tatsächlich ein schlimmes Knie gehabt hätte, wäre er dazu wohl kaum in der Lage gewesen. Sein Knie schien mir noch das Gesündeste an ihm zu sein.«

Um sein von der schweren Krankheit gezeichnetes Gesicht zu verbergen, hatte sich Mercury eine dicke Schicht weißer Theaterschminke aufgetragen. Auf dem Kopf trug er eine riesige schwarze Perücke. Damit er kräftiger erschien, hatte er unter seinem Anzug noch einen Pullover an. Niemand würde sich beim Betrachten des Videos etwas dabei denken, denn die Band maskierte sich ja oft, und dieser Song handelte schließlich vom Wahnsinn.

Freddie Mercury hatte seit fünf Jahren gewußt, daß er an AIDS litt, aber erst 24 Stunden vor seinem Tod unterrichtete er die Öffentlichkeit von seiner Krankheit. Auch als umjubelter Showstar war ihm sein Privatleben heilig; nachdem Mercury die bittere Wahrheit erfahren hatte, wurde er noch vorsichtiger mit dem, was er sagte, und weihte nur eine Handvoll seiner engsten Freunde ein, die er aber gleichzeitig zu absolutem Stillschweigen verpflichtete.

In seinem Bestreben, die Krankheit zu verheimlichen, ging er so weit, daß er sogar den anderen Mitgliedern der Band, mit denen er schließlich Jahre seines Lebens verbrachte, erst wenige Monate vor seinem Tod reinen Wein einschenkte. Gitarrist Brian May sagte wenige Tage nach Mercurys Tod: »Was Privates anging, so war Freddie stets sehr eigen. Wir wußten instinktiv, daß etwas nicht stimmte, aber es wurde nicht darüber gesprochen. Erst vor einigen Monaten hat er uns schließlich die Wahrheit gesagt. Aber er wußte es bestimmt schon seit fünf Jahren oder so und hat jahrelang mit dem schrecklichen Geheimnis gelebt.«

May und Taylor hatten sich letztendlich entschlossen, ihr Schweigen zu brechen. In einem Interview mit dem britischen Frühstückssender TV AM hoben sie Mercurys Tapferkeit hervor, mit der er gegen die tödliche Krankheit angekämpft hatte, und sagten schließlich auch, daß er an AIDS gestorben war. May gab an: »Freddie wollte seine Krankheit um jeden Preis geheimgehalten. Es wäre ihm ein Leichtes gewesen, auf seinem Totenschein ›Lungenentzündung‹ eintragen zu lassen, und Freddie wußte das. Er wußte, daß er alle Probleme hätte umgehen können. Aber am Ende sagte er: ›Ich habe AIDS, ich schäme mich dessen nicht, und ich fühle mich nicht gebrandmarkt‹«

Seine Fans erfuhren erst 24 Stunden vor seinem Ableben, daß Mercury an AIDS litt, aber hinter den Kulissen hatte die Gerüchteküche schon seit Jahren gebrodelt. Selbst als ihm äußerlich die Krankheit noch nicht anzusehen war, spürte die Show-Mafia, daß irgend etwas nicht stimmte. Schließlich war aus dem Sänger urplötzlich der Howard Hughes der Rockmusik geworden, der kaum noch sein Haus verließ und sich nur noch selten in der Öffentlichkeit zeigte – ein höchst befremdliches Verhalten für jemanden, dem das Feiern im Blute steckte und der die nächste Festivität kaum erwarten konnte. Mercury versuchte, sein Fernbleiben von der Partyszene mit der Begründung abzutun, er wäre nicht mehr der Jüngste und habe die immer gleichen alten Gesichter allmählich satt. Doch seine Entschuldigungen wirkten recht fadenscheinig. Auch wenn er sagte, er würde mittlerweile lieber zu Hause bleiben und sich um seinen Garten kümmern als irgendwo ›einen draufzumachen‹.

Die ersten Gerüchte waren 1986 aufgetaucht, nachdem bekannt geworden war, daß er sich in einer Londoner Klinik einem Bluttest unterzogen hatte. Mercury, der gerade von einem kostspieligen Einkaufsbummel in Japan zurückgekehrt war, zeigte sich wütend über die Berichte und antwortete gereizt: »Seh' ich aus, als läge ich im Sterben? Ich bin fit und erfreue mich bester Gesundheit. Diese Gerüchte sind purer Schwachsinn und einfach zum Kotzen!«

Aber die Gerüchte wollten nicht verstummen. Als der Sänger 1988 beim spektakulären ›La Nit‹-Konzert in Barcelona seine Stimme verlor, war wieder davon die Rede, er sei schwer krank. Einige Tage später, bei einer Festveranstaltung im Königlichen Opernhaus, ging er auf Fragen bezüglich seiner angeblichen Krankheit ein. »Diese Gerüchte sind kompletter Unfug«, antwortete er. »Es stimmt, die Zeit der wilden Partys ist vorbei, aber schließlich bin ich kein junger Hüpfer mehr. Ich kann doch nicht so tun, als wäre die Zeit stehengeblieben, und weiter so rumflippen wie früher. So benimmt sich doch kein erwachsener Mensch. Aber deswegen bin ich nicht krank! Ich werde halt auch nicht jünger, dafür aber mit den Jahren reifer.« Als ich ihn fragte, warum er zu seinem Geburtstag keine Riesenparty geschmissen hätte, antwortete er: »Mir war einfach nicht danach, etwas Großes aufzuziehen. Diesmal wollte ich mal ganz ›was anderes, eine ruhige, beschauliche Feier im kleinen Kreise. Wieder so eine Mercury-Orgie – das wäre doch langweilig gewesen.«

Queen-Manager Jim Beach führte die radikale Veränderung in Mercurys Verhalten auf die Tatsache zurück, daß der Sänger mittlerweile die Vierzig überschritten hatte. »Heute läßt er es wesentlich ruhiger angehen. Vierzig ist ein kritisches Alter für einen Mann, und Freddie macht da keine Ausnahme.«

Aber zwei von Mercurys engsten Freunden waren zu jener Zeit an AIDS gestorben, und ein Vertrauter des Sängers meinte damals: »Diese Todesfälle haben Freddie ganz schön mitgenommen. Gewiß, früher war er nicht zu bändigen und sprang unbekümmert in alle Betten, aber heute will er seine Gesundheit nicht mehr unnötig aufs Spiel setzen. Er sieht darin keinen Sinn mehr.«

Mercury selbst gab zu, daß wahlloser Sex für ihn nicht mehr in Frage käme und daß er sich angesichts des steigenden AIDS-Risikos große Sorgen um die jungen Menschen mache: »Man kann von den Leuten nicht erwarten, daß sie einfach auf Sex verzichten. Aber gerade deshalb ist es so wichtig, den Leuten die Risiken vor Augen zu halten und ihnen zu sagen, wie sie sich gegen diese Krankheit schützen können. Alle, die häufig ihre Partner wechseln, sollten sich einem AIDS-Test unterziehen. Früher drehte sich bei mir alles um Sex. Heute sieht es ganz anders aus. Ich lebe fast wie ein Mönch, aber ich fühle mich bestens. Mein früheres Leben vermisse ich überhaupt nicht.« Aus diesen Worten sprach tatsächlich ein ganz anderer Mercury.

Nach der Party anläßlich des ›Barcelona‹-Albums sollte Mercury nur noch einmal öffentlich in Erscheinung treten. Im Februar 1990 wurden die Queens für ihre außergewöhnlichen Leistungen mit dem begehrten ›BRIT Music Award‹ ausgezeichnet. Spätestens bei der Preisvergabe wurde allen Anwesenden deutlich, wie krank Mercury war. Ausgezehrt und hohlwangig stieg er mit seiner Band auf die Bühne, um die Auszeichnung in Empfang zu nehmen. Sonst als lautstarker Wortführer der Band bekannt, hielt er sich an diesem Tag bescheiden im Hintergrund, als sein Gitarrist Brian May die Ehrung entgegennahm. Als Grund für seinen Gewichtsverlust führten enge Freunde eine ausgewogene Fitneßdiät an, denn Mercury machte sich angeblich Sorgen wegen seines Übergewichts; und sein bleiches Äußeres wurde mit der Tatsache abgetan, daß er an jenem Abend nicht geschminkt gewesen wäre.

Danach sah man Mercury nur noch ganz selten in der Öffentlichkeit, und sein Zustand verschlechterte sich zusehends. Aber trotzdem beteuerte Mercury immer wieder, daß er sich bester Gesundheit erfreue. So betonte seine Sprecherin Roxi Meade: »Freddie fühlt sich prima, er ist vollkommen gesund, es besteht keinerlei Grund zur Sorge.« Auch Mercurys Queen-Mitstreiter dementierten hartnäckig, daß ihr Sänger krank sei.

In jenem Frühjahr bummelte Mercury über den Antiquitätenmarkt in der King's Road und erwarb unter anderen Kostbarkeiten einige ›Art Nouveau‹-Stücke. Trotz des warmen Wetters hatte er sich einen langen Wollschal umgelegt. Auf Schritt und Tritt begleitete ihn sein Leibwächter, der lästige Fragesteller abzuwimmeln hatte.

Die Gerüchte über Mercurys Krankheit häuften sich nun von Tag zu Tag. Bei seinen Mitarbeitern stand das Telefon nicht mehr still, und es kursierten die wildesten Spekulationen. Aber die Kette loyaler Freunde, die eine menschliche Barriere um den Sänger errichtet hatten, hielt allen Angriffen stand. Außenstehenden wurde immer wieder gesagt, daß mit Mercury alles in

Ordnung sei. »Er war gerade schick essen«, pflegte Roxi Meade zu sagen, oder: »Er hat gerade ein paar neue Gemälde erstanden.«

Aber in Wahrheit kämpfte Mercury einen aussichtslosen Kampf gegen AIDS. Im Juli hatte ich bereits einen Nachruf für den *Daily Mirror*, eine der auflagenstärksten Tageszeitungen der Welt, verfaßt. Dieser begann mit den Worten: »Freddie Mercury war der mit Abstand schillerndste Stern am Pophimmel. Selbst ein Mann wie Elton John wirkte im Vergleich zu dem bisexuellen Sänger wie ein scheues Mauerblümchen. Auf der Bühne war er der unumschränkte Superstar, der mit dramatischen Gesten die Theatralik bis zum Äußersten trieb. Privat war er kaum anders. Wein, Weib, wilde Partys – Freddie Mercury wußte das Leben zu genießen, mit vollen Händen gab er sein Geld aus, denn für ihn war das Beste gerade gut genug.«

Im nächsten Monat munkelte man in der Popwelt, daß Mercury bereits gestorben und in aller Stille beerdigt worden sei; seinen Tod wolle man erst nach der Beisetzung bekanntgeben. Das entsprach natürlich nicht der Wahrheit, und die PR-Leute der Queens versicherten, daß Mercury in den nächsten Tagen an die Öffentlichkeit treten und allen Gerüchten ein Ende bereiten würde. Er tat es indes nicht, und die Spekulationen mehrten sich von Tag zu Tag.

Mercury verließ nun kaum noch sein Haus in London, seinen letzten Zufluchtsort. Ein Mitarbeiter behauptete: »Freddie ist wohlauf, er ist gerade beim Essen. Gegen die Urheber dieser Gerüchte werden wir rechtliche Schritte einleiten. Freddie war am Sonnabend einkaufen, und er wird auch kommende Woche wieder unterwegs sein.« Doch obwohl das Ende noch nicht gekommen war, lag es nicht mehr in weiter Ferne.

Dabei trieb das Wissen um seine Krankheit den arbeitswütigen, nimmermüden Star zu immer neuen Höchstleistungen. Wäre er fünf Jahre eher gestorben, hätte er der Nachwelt ebenfalls ein riesiges musikalisches Erbe hinterlassen, aber die frühzeitige Gewißheit, dem Tod nicht entrinnen zu können, spornte ihn zu weiteren künstlerischen Großtaten an. Er begann, sich mit Arbeit einzudecken und widmete sich fortan Projekten, die ihm schon immer vorgeschwebt hatten. Freunde sagen, er hätte noch bis sechs Wochen vor seinem Tod gearbeitet.

Zu jener Zeit reifte in Mercury der Entschluß, etwas für die Menschen zu tun, die wie er ein Opfer der schrecklichen Krankheit geworden waren.

Die AIDS-Hilfsorganisationen benötigten dringend finanzielle Mittel – einerseits für die Pflege und Versorgung von Tausenden von Kranken, andererseits für die weitere Erforschung der Krankheit, die sich von Jahr zu Jahr ausbreitete. Mercury, der selbst gegen das unausweichliche Ende anzukämpfen versuchte, entschloß sich, einen Teil seines Vermögens einer dieser Organisationen zugute kommen zu lassen.

Die Einnahmen aus einem seiner größten Hits hätte er am liebsten der in London ansässigen Terrence-Higgins-Stiftung gespendet, die sich schon seit Jahren aufopferungsvoll um AIDS-Patienten gekümmert hatte. Die Entscheidung fiel ihm allerdings nicht leicht, da auch in Amerika, wo die Situation weitaus schlimmer war als in England, dringend Gelder benötigt wurden.

Einige Tag später löste sich dieses Dilemma wie von selbst, und Mercury war von einem schweren Gewissenskonflikt befreit. Der amerikanische Basketball-Superstar ›Magic‹ Johnson gab der Öffentlichkeit zur besten Sendezeit bekannt, daß er sich mit dem AIDS-Virus infiziert habe und eine Stiftung ins Leben rufen werde, um so seinen Beitrag zur Lösung des Problems zu leisten. Mercury und ein enger Kreis von Freunden und Mitarbeitern waren sich nun darüber einig, ihrerseits eine englische Hilfsorganisation finanziell zu unterstützen. Am 26. November, also zwei Tage nach seinem Tod, wurde Freddies letzter Wille verlesen. Roger Taylor, Brian May und John Deacon entschlossen sich, die unvergeßliche ›Bohemian Rhapsody‹ der Queens im Gedenken an Freddie Mercury nochmals zu veröffentlichen und sämtliche Erträge der Terrence-Higgins-Stiftung, der britischen AIDS-Hilfsorganisation, zugute kommen zu lassen. Einige Tage später verlautete zusätzlich, daß die Erlöse aus den amerikanischen Verkäufen der von ›Magic‹ Johnson neu ins Leben gerufenen Stiftung zufließen sollten. Queen-Manager Jim Beach verkündete: »Wir hoffen, gemeinsam mit Magic eine Brücke zwischen der Musik und dem Sport zu schlagen und den Menschen ins Bewußtsein zu rufen, daß AIDS uns alle angeht – so hat es sich Freddie gewünscht.«

Die Öffentlichkeit reagierte überschwenglich. Nur sechs Tage nach der Neuauflage von ›Bohemian Rhapsody‹ hatte die Single, mit der die Queens Musikgeschichte geschrieben hatten, Platz Eins gestürmt. Während diese Zeilen entstehen, ist die Platte auf dem besten Wege, die drei Millionen verkauften Exemplare der ›Band Aid‹-Single ›Do They Know It's Christmas‹ zu übertreffen, deren Erlös ebenfalls wohltätigen Zwecken zugeflossen war (siehe auch Kapitel 7). ›Bohemian Rhapsody‹ hatte eine weitere Wohltätigkeitsplatte von der Spitze verdrängt – Elton Johns und Georg Michaels Duett ›Don't Let The Sun Go Down On Me‹. George Michael meinte dazu: »Ich freue mich darüber, daß Queen die Nummer Eins sind. Ich war schon immer ein großer Fan der Band, und Freddies Tod hat mich sehr traurig gestimmt.«

Die Neuauflage von ›Bohemian Rhapsody‹ erfolgte in absoluter Rekordzeit. Nach dem Tod des Sängers wurden sämtliche Räder in Bewegung gesetzt. Tony Wadsworth, Generalmanager von EMI, der Plattenfirma der Queens, konstatierte: »Die ersten Exemplare waren am Freitag, also fünf Tage nach Freddies Tod, in den Geschäften. Alle haben bis zum Umfallen gearbeitet.« Nach dem ersten Tag war allen Beteiligten klar, daß ›Rhapsody‹ nochmals ein Monsterhit werden würde. Graham Walker vom Marktforschungsinstitut ERA meinte: »Die Verkäufe sind phänomenal. Das wird eine der meistverkauften Platten aller Zeiten. In den ersten sechs Tagen sind schon schätzungsweise 600000 Exemplare über den Ladentisch gegangen.«

Auch angesichts des nahenden Endes blieb Freddie Mercury der perfekte Showstar. Einen Monat vor seinem Tod veröffentlichten die Queens einen ihrer ergreifendsten und bewegendsten Songs – ›The Show Must Go On‹, dessen erschütternder Text zwar nach dem Sinn des Lebens fragte, aber letztendlich eine hoffnungsvolle Botschaft übermittelte. Zwei Wochen nach der Veröffentlichung der Single kam das *Greatest Hits II*-Album der Queens auf den Markt, eine Kollektion ihrer faszinierendsten Songs. Auch unter diesen tragischen Umständen schien alles perfekt inszeniert – ein angemessenes Finale für einen ganz Großen der Bühne, der es stets verstanden hatte, sich ins rechte Rampenlicht zu rücken, sei es beim pompösen Auftritt oder beim glanzvollen Abgang.

Obwohl seine engsten Freunde immer wieder Mercurys Tapferkeit im Kampf gegen die Krankheit gerühmt hatten, bezichtigten ihn andere der Feigheit und des Verrats. Sie waren der Meinung, Mercury hätte sich schon viel eher zu seiner Krankheit bekennen sollen – Freddies öffentliche Erklärung 24 Stunden vor seinem Tod wäre alles andere als mutig oder gar heroisch gewesen. Viele meinten, durch seine Geheimhaltung hätte Mercury nicht gerade dazu beigetragen, das Mitgefühl für AIDS-kranke Patienten zu verstärken, sondern sie wären dadurch eher mit dem Stigma der Schande gebrandmarkt worden. Seine Gegner wiesen ferner darauf hin, wieviel Spenden schon zusammengekommen wären, wenn er ehrlich und aufrichtig über seine Situation und seinen Kampf gegen AIDS gesprochen hätte. Dr. Roger Ingham, ein führender Wissenschaftler der Universität Southampton, bedauerte die Tatsache, daß Mercury im Gegensatz zu ›Magic‹ Johnson nicht schon im Frühstadium der Krankheit erklärt hatte, daß er an AIDS leide: »Wenn Freddie Mercury eher über seine Krankheit gesprochen hätte, wäre vielleicht eine Diskussion darüber in Gang gekommen, die sich bestimmt positiv ausgewirkt hätte.«

Kurz nach Mercurys Tod machte ich ein Interview mit Dannii Minogue, Englands neuem Teenie-Idol und eine von denjenigen, die glauben, Mercury hätte schon früher über seine Krankheit reden sollen. Sie sagte: »Sein Tod hat uns alle traurig gestimmt. Ich war zwar kein großer Queens-Fan, aber ich habe viele Freunde, die ihm sehr nahe gestanden haben, und ich finde es schade, daß er seine Krankheit so lange verschwiegen hat. Jeder hat gesehen, was mit ihm los war, es war doch ganz offensichtlich. Es ist bedauerlich, daß er nicht zugeben wollte, wie es um ihn stand. Er hätte doch von allen Seiten Unterstützung erfahren. ›Magic‹ Johnson hat genau das Richtige gemacht, und auch Mercury hätte so auf das Problem aufmerksam machen und zu Spenden aufrufen sollen. Statt dessen schien er sich seiner Krankheit zu schämen. Als er schließlich zum Kampf gegen AIDS aufrief, war das zwar eine nette Geste, aber sie hätte schon vor Jahren kommen müssen.«

Nun, letzten Endes lag die Entscheidung ganz allein bei Mercury. Er war fest entschlossen, die Tatsachen zu verschweigen, weil er wußte, daß es zwar schwer ist, im Rampenlicht zu stehen, daß es aber noch schwerer ist, unter den Augen der Öffentlichkeit zu sterben. Ob seine Entscheidung nun richtig oder falsch war, werden wir wohl nie erfahren.

CHRONOLOGIE
DES STARS UND SEINER BAND

1968: Brian May, Physikstudent am Londoner Imperial College, sucht per Anschlag am schwarzen Brett Mitglieder für eine Band. Als erster meldet sich der Sänger und Bassist Tim Staffell. Zusammen mit dem Schlagzeuger Roger Taylor nennen sie sich ›Smile‹.

1969: Die amerikanische Plattenfirma Mercury nimmt die Gruppe kurzzeitig unter Vertrag. Der Staffell-Song ›Earth‹ wird in den USA als Single veröffentlicht, erweist sich jedoch als Flop. Mercury verzichtet auf eine weitere Zusammenarbeit.

1970: Staffell, der mit seiner neuen Band ›Humpy Bong‹ eigene Wege gehen will, überredet einen ehemaligen Kommilitonen, den Kunststudenten Freddie Bulsara (später Mercury), bei Smile einzusteigen. Es stellt sich heraus, daß Freddie und May beide aus dem Londoner Vorort Feltham stammen und sogar in derselben Straße wohnen; sie sind sich jedoch nie zuvor begegnet! Mercury war vorher Sänger bei den Gruppen ›Wreckage‹ und ›Sour Milk Sea‹. Im November spielt die Band, die sich jetzt ›Queen‹ nennt, im Ballspark College, Hertford.

1971: Bislang hat die Band noch keinen festen Bassisten; das ändert sich im Februar, als John Deacon auf eine Anzeige antwortet und Mitglied der Gruppe wird.

Im selben Monat spielt die Band in der Stadthalle von Hornsey und am Kingston Polytechnic.

Von Juli bis September absolviert die Band ihre allererste Tournee, die sie durch den Südwesten Englands führt.

Am Ende des Jahres geben sie zwei Konzerte am Londoner Imperial College und spielen auf einem Silvesterball im Rugby-Club von Twickenham.

In diesem Jahr schaffen die Queens den Durchbruch. Für die ›DeLane Lea‹-Studios testen sie ein neues Equipment und dürfen als Gegenleistung frei über die Einrichtungen verfügen. Sie nutzen die Zeit für Demo-Aufnahmen.

1972:   Die Queens verzichten auf ausgedehnte Tourneen. In diesem Jahr treten sie nur fünfmal auf (einmal vor sage und schreibe sechs Leuten!), darunter zum Jahresende auch im legendären ›Marquee Club‹ in Soho. Statt quer durchs Land zu tingeln, widmen sie sich voll und ganz der Arbeit an ihrem ersten Album. Mit den ›Trident‹-Studios schließen sie einen Vertrag über Produktion, Vertrieb und Management. Freddie Mercury kreiert die Queen-Krone.

1973:   Nach ihrem Debütalbum *Queen* werden sie vom Marktgiganten EMI unter Vertrag genommen. Im April treten sie im Rahmen einer EMI-Werbekampagne erneut im ›Marquee‹ auf.

Im Juni veröffentlicht Mercury unter dem Pseudonym ›Larry Lurex‹ die Single ›I Can Hear Music‹ (im September 1992 tauchen bei Renovierungsarbeiten 600 Exemplare dieser mittlerweile zu Höchstpreisen gehandelten Rarität wieder auf).

Im folgenden Monat wird Queens Debütsingle ›Keep Yourself Alive‹ veröffentlicht. Als Erfindung cleverer Werbestrategen abgetan, weigert sich BBC Radio One, die Platte in sein Programm aufzunehmen. Der ersehnte Erfolg bleibt deswegen aus.

Nach der Veröffentlichung ihrer ersten LP beginnt die Band im August mit den Aufnahmen für ihr zweites Album *Queen II*.

Im September treten Queen im ›Golders Green Hippodrome‹ auf, im Oktober in Frankfurt am Main und im Londoner ›Paris Theatre‹. Das Konzert in London wird von Radio One mitgeschnitten; Queen-Auftritte auch im französischen und holländischen Fernsehen.

Im November spielt die Band erneut im Imperial College, anschließend treten sie auf einer Tournee durch England als Vorgruppe von Mott the Hoople auf.

Queens Anhängerschaft wächst ständig.

1974: Die Band setzt zum Höhenflug an. Die Queens treten im Februar in Melbourne, Australien, beim ›Sunbury Music Festival‹ auf. Im gleichen Monat wird ihre zweite Single ›Seven Seas Of Rhye‹ veröffentlicht und erreicht Platz zehn in den Charts.

Mit einem Konzert im ›Winter Gardens‹, Blackpool, beginnt im März die erste eigene Tournee der Queens, die am 31. des Monats im Londoner ›Rainbow‹ zu Ende geht. Mercury ist von der Entwicklung nicht überrascht und meint: »Ich habe in uns schon immer eine Spitzenband gesehen.«

Im gleichen Monat erscheint *Queen II* und erreicht Platz fünf in den UK-Charts.

Im Mai zieht sich Brian May eine Leberentzündung zu, und die Amerika-Tournee der Band muß abgebrochen werden. Die Queens treten die Heimreise an und beginnen mit der Arbeit an ihrem neuen Album.

Als Vorgeschmack auf ihre dritte LP wird im Oktober ›Killer Queen‹ als Single veröffentlicht. Die Platte wird ein Riesenhit und erreicht Platz zwei. Zum Auftakt einer England-Tournee spielt die Band im ›Palace Theatre‹, Manchester.

Im November kommt das neue Album *Sheer Heart Attack* auf den Markt und erreicht Platz zwei der LP-Charts. Die Queens unternehmen eine kurze Europa-Tournee.

1975: Die Queens gehen mit einer weiteren Single-Veröffentlichung ins neue Jahr, ›Now I'm Here‹ erreicht Platz elf. In Columbus, Ohio, startet die Band im Februar zu einer großen US-Tour. Der *Melody Maker* kürt Queen zur ›Band des Jahres‹.

Mercury zieht sich eine schmerzhafte Halsentzündung zu, steht die Tournee jedoch bis zum Ende durch.

Nach einer kurzen Verschnaufpause macht sich die Band wieder an die Arbeit, auf dem Terminplan steht diesmal eine Tour durch Japan.

Im August trennt sich die Band von Trident und einigt sich mit Elton Johns Manager John Reid auf eine Vertragsunterzeichnung. Freddies Kommentar zu diesem Schritt: »Wir lassen sie zurück wie einen Haufen Exkremente!«

Unterdessen ist die Gruppe mit den Aufnahmen für ihr neues Album *A Night At The Opera* beschäftigt.

Ende Oktober wird mit *Bohemian Rhapsody* vorab ein Titel der neuen LP als Single veröffentlicht. Die EMI hat zunächst Zweifel an diesem pompösen, opernhaften Werk, aber der Song kommt einem der beliebtesten DJs Englands, Kenny Everett, zu Ohren. Sofort ist der Titel pausenlos im Radio zu hören, und die Nachfrage steigt ständig.

Im Dezember klettert die Single auf Platz eins und bleibt anschließend neun Wochen lang an der Spitze. Der zu Werbezwecken erstellte Begleitfilm zu *Bohemian Rhapsody* sorgt ebenfalls für Furore und läutet das Video-Zeitalter ein.

Derweil befinden sich die Queens wieder auf Konzertreise durch England. Die Tournee beginnt im November in Liverpool und endet Heiligabend mit einem Auftritt im Londoner ›Hammersmith Odeon‹. Dieses Abschlußkonzert wird von der BBC im Rahmen ihrer beliebten Popsendung ›The Old Grey Whistle Test‹ live im Fernsehen übertragen.

Am Ende des Jahres erreicht *A Night At The Opera* in England Platz eins.

1976: Im Januar bildet ein Konzert in Waterbury, Connecticut, den Auftakt zu einer weiteren Tournee durch die Vereinigten Staaten.

Die Promo-Tour wird ein voller Erfolg, ›Bohemian Rhapsody‹ erreicht im April Platz neun in den USA.

Die Queens bauen ihren Erfolg während einer anschließenden Tournee durch Japan und Australien weiter aus.

Im Juni wird ›You're My Best Friend‹ veröffentlicht und erreicht Platz sieben. Die Band geht wieder ins Studio und beginnt die Arbeit an ihrem nächsten Album.

Im September spielen die Queens in Edinburgh und Cardiff. Bei einem ›free concert‹ im Londoner Hyde Park werden sie von 150000 Besuchern begeistert gefeiert. Die Show wird vom Capitol Radio live übertragen.

Im November erscheint ›Somebody To Love‹ als Single und erreicht Platz zwei, während das im darauffolgenden Monat veröffentlichte neue Album *A Day At The Races* an die Spitze stürmt.

In diesem Jahr produziert Mercury die LP von Eddi Howells, *Man From Manhattan*, und spielt auch selbst mit.

1977: Das Jahr beginnt mit einer Amerika-Tournee, auf der Thin Lizzy das Vorprogramm bestreiten.

Im März wird ›Tie Your Mother Down‹ veröffentlicht, erreicht aber lediglich Platz 31 in England bzw. 49 in den USA.

Nach der Rückkehr aus Amerika schließt sich eine Tournee durch ganz Europa an, die mit zwei ausverkauften Konzerten im Londoner Earls Court endet. Nicht sonderlich beliebt ist die Band hingegen bei der englischen Musikpresse, von der Mercury sogar als ›Arsch‹ tituliert wird!

Im Mai veröffentlichen die Queens ihre erste EP, ›Good Old-Fashioned Lover Boy‹, die Platz 17 erreicht.

Die Arbeit an einem neuen Album beginnt. *New Of The World* wird im September fertiggestellt. Die Single ›We Are The Champions‹ klettert auf den zweiten Platz, die LP auf den vierten.

Im November beginnt in Portland, Oregon, die nächste US-Tournee. Die Queens bleiben bis Ende des Jahres in Amerika.

Mercury produziert in diesem Jahr für Peter Straker, einen seiner besten Freunde, dessen Album *This One's On Me*.

1978: Im Februar veröffentlicht die Gruppe die Single ›Spread Your Wings‹, kommt damit aber nur auf Platz 34.

Zwei Konzerte in Wembley bilden den Abschluß einer Europa-Tournee. Danach zieht sich die Band ins Studio zurück, um an ihrer neuen LP *Jazz* zu arbeiten.

Die Single ›Fat Bottomed Girls‹ erscheint im Oktober und erreicht Platz elf. In Dallas, Texas, startet die nächste Amerika-Tournee.

Die LP *Jazz* wird am 10. November veröffentlicht und erreicht Platz zwei. Die Queens touren noch bis Ende des Jahres durch die USA.

1979: Das Jahr beginnt mit einer großen Europa-Tournee. Die Single ›Don't Stop Me Now‹ erreicht Platz neun. Im April begibt sich die Band auf eine ausgedehnte Tournee durch Japan. Gleichzeitig wird die LP *Live Killers* veröffentlicht, bei der es sich um Konzertmitschnitte der vergangenen Europa-Tournee handelt. Das Album klettert bis auf Platz drei, aber die Aufnahmequalität ist dermaßen miserabel, daß Roger Taylor öffentlich Kritik an dem Album übt. Die Single-Auskopplung ›Love Of My Life‹ kommt über Platz 63 nicht hinaus.

Im Juni und Juli nehmen die Queens Teile ihres nächsten Studioalbums auf – *The Game*. Im Oktober wird die Single ›Crazy Little Thing Called Love‹ veröffentlicht, von der Mercury sagt, er habe das Lied in der Badewanne geschrieben. Der Song wird ein weltweiter Erfolg (Platz zwei in England) und beschert der Band in Amerika ihren ersten Nummer-Eins-Hit. Aber noch viel wichtiger sind die wohlwollenden Kritiken, mit denen die Queens bis dato nicht verwöhnt wurden. Bei ›Crazy Little Thing...‹ spielt Mercury übrigens zum ersten Mal Rhythmusgitarre.

Die Queens runden das Jahr mit einer England-Tournee ab, die am zweiten Weihnachtsfeiertag im Hammersmith Odeon mit einem Wohltätigkeitskonzert für die Bevölkerung von Kampuchea, dem ehemaligen Kambodscha, zu Ende geht.

1980: Im Februar erreicht ›Save Me‹ Platz elf in den Charts, und die Gruppe geht wieder ins Studio, um letzte Hand an das Album *The Game* anzulegen.

Die Single ›Play The Game‹ kommt im Mai in die Läden und erreicht Platz 14. Die im darauffolgenden Monat veröffentlichte neue LP katapultiert sich dagegen gleich an die Spitze.

Die Arbeit am Soundtrack zum Kinofilm *Flash Gordon* beginnt. Ein Konzert in Vancouver bildet den Auftakt zu einer Tournee durch die USA und Kanada.

Im August wird ein weiterer Titel von *The Game* als Single veröffentlicht. ›Another One Bites The Dust‹ wird die Nummer Eins in Amerika und erreicht in England Platz sieben.

Während der Monate Oktober und November geben Queen dem *Flash*-Soundtrack den allerletzten Schliff. Die Platte kommt im Dezember auf den Markt, pünktlich zum Beginn einer Europa-Tournee.

1981: Das Jahr beginnt vielversprechend: ›Flash‹ schießt im Januar in die Top ten.

Im Februar sind die Queens in Japan unterwegs, anschließend geht es weiter nach Südamerika, wo erst wenige Rockmusiker aufgetreten sind.

Im November erscheint Queens *Greatest Hits*-LP, die sich sofort an die Spitze der Charts setzt. Im gleichen Monat gelingt der Band mit dem Queen/Bowie-Projekt ›Under Pressure‹ ein weiterer Riesenhit; Roger Taylor bezeichnet die Platte als »mit das Beste, was die Queens bislang zuwege gebracht haben«.

1982: Im April erfolgt im schwedischen Göteborg der Startschuß zu einer Europa-Tournee. Die nächste Single der Gruppe, ›Body Language‹, erreicht Platz 25 in England.

Im Mai erfolgt die Veröffentlichung des Albums *Hot Space*, für das die Queens schon bald eine goldene Schallplatte in Empfang nehmen können. Der Juni sieht die Band weiterhin auf Tournee; ein Konzert in der Milton Keynes Bowl wird von ›Channel 4‹ fürs Fernsehen gefilmt. Nach England stehen Kanada, die USA und Japan auf dem Terminkalender.

Im gleichen Monat wird auch die Single ›Las Palabras de Amor‹ veröffentlicht und erreicht Platz 17. In Amerika erscheint im Juli ›Calling All Girls‹, schafft aber lediglich Platz 60. Der nächsten Single-Veröffentlichung in England ›Back Chat‹ ergeht es nicht viel besser (Platz 40).

1983:   Die Queens legen eine schöpferische Pause ein, und die Bandmitglieder nutzen die Zeit für Solo-Projekte. John Deacon zupft auf ›Picking Up Sounds‹ von Man Friday & Jive Junior den Baß. Brian May tritt in Los Angeles gemeinsam mit den Hardrockern Def Leppard auf, produziert ein Album mit der Gruppe Heavy Pettin' und veröffentlicht obendrein seine Solo-LP *Star Fleet Project*. Mercury arbeitet derweil in München an *Mr. Bad Guy*.

1984:   Im Januar schaffen die Queens mit Roger Taylors ›Radio GaGa‹ Platz zwei in den Charts – übrigens sollen die brabbelnden Laute seines dreijährigen Sohnes den Schlagzeuger der Band zu diesem Song inspiriert haben. In England verhindern zwar Frankie Goes To Hollywood mit ihrem Hit ›Relax‹ den Sprung an die Spitze, aber in neunzehn Ländern steht die Platte auf Platz eins.

Im Februar kann man die Queens beim Song-Festival von San Remo erleben. Im selben Monat erscheint die LP *The Works*, die in England auf Anhieb Platz zwei schafft und zum meistverkauften Album der Band nach ihren *Greatest Hits* avanciert. Taylor meint: »Wir dachten uns, ›Let's give 'em *the works*‹«, was im Deutschen so viel heißt wie: »die werden ihr blaues Wunder erleben«.

Im April wird die Single ›I Want To Break Free‹ veröffentlicht, mit der Queen bis auf Platz drei klettert.

Im Mai beteiligt sich Queen beim Festival um die goldene Rose von Montreux, und im Juli erscheint die Single ›It's A Hard Life‹, die Platz sechs in den Charts erreicht.

Im August beginnt die nächste Europa-Tournee; unter anderem treten die Queens an vier Abenden in der Wembley-Arena (nicht zu verwechseln mit dem Wembley-Stadion!) auf.

Derweil erscheinen im September der Video-Sampler *We Will Rock You* sowie ›Love Kills‹, Mercurys erste Solosingle unter seinem eigenen Namen, die für den Soundtrack einer aktuellen Version von Fritz Langs Filmklassiker *Metropolis* verwendet werden soll. Die Queens veröffentlichen mit ›Hammer To Fall‹ ihre nächste Single, mit der sie Platz 13 schaffen.

Zu heftigen Kontroversen in der Öffentlichkeit kommt es im Oktober, als die Queens in Sun City, Südafrika, auftreten – eine Entscheidung, die von vielen Seiten kritisiert wird. Brian May erklärt: »Wir sind total gegen Apartheid und alles, was damit zu tun hat – aber ich glaube, wir haben viel zum beiderseitigen Verständnis beigetragen.«

Im November kommt eine Queen-Weihnachts-Single auf den Markt. ›Thank God It's Christmas‹ erreicht Platz 21.

1985: Im Januar treten die Queens beim ›Rock in Rio‹-Festival auf, im April touren sie anschließend durch Australien und Neuseeland, Japan ist im Mai an der Reihe.

Mercurys zweite Solosingle, ›I Was Born To Love You‹, wird im April veröffentlicht und erreicht in den Charts Platz elf. Das von Mercury selbst produzierte Soloalbum *Mr. Bad Guy*‹ schafft Platz sechs.

Im Juli werden die Queens beim denkwürdigen ›Live Aid‹-Konzert begeistert gefeiert, und die Verkaufszahlen schnellen in schwindelerregende Höhen. Es ist durchaus berechtigt, wenn Brian May behauptet, daß Queen »derzeit die wohl beste Live-Band der Welt« ist. Aber im selben Monat kommt Mercurys dritte Single vom *Mr. Bad Guy*-Album nicht über Platz 57 hinaus. Auch der im September veröffentlichten Nachfolge-Single, ›Living On My Own‹, ergeht es nicht viel besser (Platz 50).

Im November erscheint die Queens-Single ›One Vision‹ (aus dem Film *Iron Eagle*) und klettert auf Platz sieben.

Im Dezember kommt in limitierter Auflage das Album-Set *The Complete Works* auf den Markt.

1986: Im März wird ›A Kind Of Magic‹ (aus dem Film *Highlander*) als Single veröffentlicht und wird ein Riesenhit (Platz 3).

Der von Mercury geschriebene Titelsong aus Dave Clarks Musical *Time* erscheint im Mai als Single und erreicht Platz 32. ›Time‹ ist eines von zwei Stücken, die Mercury zu diesem Bühnenprojekt beigesteuert hat.

Im Juni schießt das Album *A Kind Of Magic* unmittelbar nach seiner Veröffentlichung auf Platz eins, die Single ›Friends Will Be Friends‹ schafft Platz 14.

Während der ›Magic Tour‹ durch Europa ziehen die Queens eine Million Fans in ihren Bann. Die Tournee beginnt am 7. Juni in der schwedischen Hauptstadt Stockholm und endet am 9. August im Knebworth Park – das meistbesuchte Queen-Konzert aller Zeiten in England (150000 Zuschauer) –, aber die Fans in aller Welt ahnen zu diesem Zeitpunkt noch nicht, daß es zugleich auch das letzte der Band ist. Die Tournee führt die Queens auch hinter den Eisernen Vorhang: ihr Auftritt im Budapester Nepstadion am 27. Juli geht in die Geschichte ein.

Im Oktober erreicht ›Who Wants To Live For Ever‹ Platz 24.

Im Dezember wird die LP/CD *Live Magic* veröffentlicht und kommt in den Album-Charts auf Platz drei.

1987: Die Queens legen eine weitere Kunstpause ein, aber es wird ein erfolgreiches Jahr für Mercurys Solokarriere. Im Februar veröffentlicht er die Single ›The Great Pretender‹ (den alten Platters-Klassiker aus den 50er Jahren). Die Platte wird sein bislang größter Solo-Hit und klettert im Mai auf Platz vier. Im selben Monat frönt Mercury seiner Leidenschaft für die Welt der Oper und tritt im ›Ku-Club‹ auf Ibiza im Duett mit der spanischen Opernsängerin Montserrat Caballé auf. Ihre gemeinsame Single ›Barcelona‹, vom spanischen NOK als Erkennungsmelodie für die Olympischen Spiele 1992 gekürt, schießt im November auf Platz acht.

Im Herbst gründet Roger Taylor die Band ›The Cross‹, nicht zuletzt deshalb, weil er gern auf Tournee geht, was er in letzter Zeit sehr vermißt hat. Im September erscheint Cross' erste Single, ›Cowboys And Indians‹.

1988: Mercurys Opernkarriere macht weiter Fortschritte. Im Oktober steht er in Barcelona gemeinsam mit Montserrat Caballé auf der Bühne, aber ihr Hit ›Barcelona‹ muß vom Band eingespielt werden, was zu heftigen Kontroversen führt. Im gleichen Monat veröffentlicht das Duo die LP/CD *Barcelona*, die Platz 25 in den Album-Charts erreicht.

›The Golden Boy‹ vom Album *Barcelona* wird als Single veröffentlicht.

Im selben Jahr erscheint auch das Debütalbum von The Cross, Taylors neuer Band, und das Jahr endet im

›Hammersmith Palais‹ mit einem gemeinsamen Auftritt von Brian May, John Deacon und The Cross.

1989:   Mercury setzt seine Opernlaufbahn fort. Im Januar veröffentlicht er eine dritte Single aus dem *Barcelona*-Album – ›How Can I Go On‹, die aber nur auf bescheidenes Interesse stößt und lediglich Platz 95 erreicht.

Im Mai erscheint vorab des neuen Albums *The Miracle* eine Single; ›I Want It All‹ klettert bis auf den dritten Platz. Das Album selbst wird noch im gleichen Monat veröffentlicht.

Im Juli erreicht die Single ›Breakthru‹ Platz sieben und hält sich sieben Wochen lang in den Charts.

Die nächste Single, ›The Invisible Man‹, erscheint im August und schafft Platz 12, kurz danach kommt das Video *Rare Live* auf den Markt.

›Scandal‹ steht im Oktober in den Charts und erreicht Platz 25. Im Dezember schießt ›The Miracle‹ gleich nach der Veröffentlichung auf Platz 21, was aber zugleich auch die höchste Plazierung bedeutet.

Im Dezember erreicht die LP *Queen At The Beeb*, bisher unveröffentlichtes Material aus dem Jahr 1973, Platz 67, und die Band beginnt die Arbeit an einem neuen Album.

1990:   Trotz hartnäckiger Dementis von seiten der Band häufen sich die Spekulationen über Mercurys Gesundheitszustand in dramatischer Form.

Nach Mercurys Auftritt bei der Verleihung der ›BRIT Awards‹ im Februar leben die Gerüchte wieder auf. Die Band wird für ihre herausragenden Leistungen geehrt.

Im September veröffentlichen The Cross ihr zweites Album.

Im Dezember kommt das Video *Queen At Wembley* auf den Markt.

1991: Das Jahr beginnt sehr vielversprechend; die Single ›Innuendo‹ schießt unmittelbar nach ihrer Veröffentlichung auf Platz eins.

Im Februar stehen *Queens Greatest Hits* wieder in den Album-Charts, und die neue LP/CD *Innuendo* sogar auf Platz eins! Die Queens nehmen neue Kompositionen auf.

Im März erreicht die Single ›I'm Going Slightly Mad‹ Platz 22, der Nachfolger ›Headlong‹ im Mai Platz 14. Die Gerüchte über Mercurys angegriffenen Gesundheitszustand wollen nicht verstummen.

Im Oktober wird die Single ›The Show Must Go On‹ veröffentlicht. Der erschütternde Text gibt Anlaß zu lebhaften Diskussionen, genauso wie die Tatsache, daß für das Video altes Archivmaterial verwendet worden ist. Das letzte Album (zu Freddies Lebzeiten) *Greatest Hits II* kommt einen Monat vor seinem Tod heraus.

Am 23. November erklärt Mercury öffentlich, daß er an AIDS leidet – 24 Stunden später ist er tot.

Im Dezember werden Queen als beste britische Band für den ›BRIT Award 1991‹ nominiert. ›Bohemian Rhapsody‹, im Gedenken an Freddie Mercury neu aufgelegt, wird abermals ein Nummer-Eins-Hit. Der Erlös soll der AIDS-Forschung zugute kommen.

1992: Im März wird die Single ›Friends Will Be Friends‹ (Rückseite: ›Who Wants To Live For Ever‹) neu aufgelegt, im April folgt Freddies Single ›Too Much Love…‹; Spitzenplätze in den Charts werden aber von beiden Veröffentlichungen nicht erreicht. Als Verkaufserfolg erweist sich dagegen das im Juni erscheinende Queen-Doppelalbum *Live At Wembley* (allein in Deutschland werden über 200 000 Stück verkauft).

Im September veröffentlicht Brian May *Back To The Light*, sein mit etlichen Vorschußlorbeeren bedachtes zweites Solo-Album.

Im November wird – laut Auskunft der Plattenfirma EMI – unter dem Titel *The Freddie Mercury Album* die vergriffene ›Mr. Nice Guy‹-Platte aufgelegt. Hier sollen dann zusätzlich diverse unveröffentlichte Aufnahmen, Single-B-Seiten und – natürlich – das früher bei einer anderen Plattenfirma veröffentlichte ›Barcelona‹ enthalten sein.

DANKSAGUNG

Allen, die ihren Beitrag zu diesem Buch geleistet haben, möchte ich auf diesem Weg meinen persönlichen Dank aussprechen. Besonders hervorheben möchte ich Louise Johncox, deren gründliche Recherchen mir eine unverzichtbare Hilfe gewesen sind. Weiterer Dank gebührt dem Chefredakteur des *Daily Mirror*, Richard Stott, ohne dessen Unterstützung ich mich diesem Projekt nicht hätte widmen können, meinem Agenten Don Short, Val Hudson vom Verlag Harper Collins, Chris Britcher für zusätzliche Recherchen sowie Nick Gibson und Toni Swindells, die für mich tapfer die Stellung gehalten und meine tägliche Kolumne übernommen haben.

Dank sei auch all denen gesagt, die offen und ehrlich über Freddie Mercury gesprochen haben – Tony Pike, Reinhold Mack, Barbara Valentin, Dave Clark, Denis O'Regan, Tona Brainsby, Bryn Bridenthal, Roxy Meade, Chris Podle, Phil Symes, Wayne Eagling, Wayne Sleep und Tim Staffell.

Neben den zahlreichen Interviews sind als zusätzliche Quellen auch unzählige Zeitungsartikel, Bücher und Videos zu Rate gezogen worden. Mein Dank gilt deshalb auch folgenden Publikationen – *Daily Express*, *Rolling Stone*, *Q*, *Vox*, *New Musical Express (NME)*, *Melody Maker*, *Daily Star*, *Sun*, *Bunte*, *Evening Standard*, *Evening News*, *The Magic Years* (Video-Zusammenschnitt) sowie Ken Deans *Queen The New Visual*.

Besonderer Dank geht an alle Archiv-Mitarbeiter des *Daily Mirror* und vor allem an dessen Leiter, Derek Drury, für all ihre Mühen.

HEYNE FILMBIBLIOTHEK

**DIE
NEUEN
STARS IN
HOLLYWOOD**

32/139

32/147

32/138

Eric Shangai
MADONNA
PORTRÄT
EINES SUPERSTARS

32/156

32/109

WILHELM HEYNE VERLAG MÜNCHEN